Herder Taschenbuch 1700

Über das Buch

Die Bibel ist wie ein dichter Wald. Man kann sich darin ganz schön verlaufen, denn viele Wegweiser sind inzwischen zugewachsen. Der Autor zieht darum das Laubwerk frommer Lesegewohnheiten und das verwirrende Geäst theologischer Gelehrsamkeit entschlossen, humorvoll und beziehungsreich zur Seite, um die schlichte hilfreiche Lebensorientierung der Evangelien wiederzufinden: Er geht mit uns. Selbst auf Irrwegen führt er uns zum Ziel.

Über den Autor

Dr. Lothar Steiger, geboren 1935 in Berlin, studierte Theologie und Philosophie in Heidelberg und Tübingen. Von 1968 bis 1973 lehrte er an der Kirchlichen Hochschule Wuppertal. Seit 1973 ist er o. Professor für Dogmatik an der Universität Heidelberg, seit 1989 für Praktische Theologie.

Lothar Steiger

Er geht mit uns

Wiederentdeckte biblische Wegweiser

Herder Taschenbuch Verlag

Originalausgabe
erstmals veröffentlicht als Herder-Taschenbuch

Buchumschlag: Werner Bleyer

Umschlagbild: Auferweckung des Lazarus.
Zellenschmelz-Email, Ende des 12., Anfang des 13. Jahrh. –
Tbilisi, Staatl. georgisches Kunstmuseum

Herder Freiburg · Basel · Wien
Herstellung: Freiburger Graphische Betriebe 1990
ISBN 3-451-08700-6

Inhalt

Lernen für den Widerstand

Der geneigte Leser, der sich den in diesem Buch versammelten Predigten nähert, mag wie ich von einer selten gewordenen Leidenschaft ergriffen werden: der Leidenschaft des *Lernens.* Selten geworden ist solche Leidenschaft, wird sie doch schon den Kindern gründlich ausgetrieben, von welchem Unwesen die Kirche keine Ausnahme macht. Gilt es aber angesichts eines kaum zu übersehenden erschreckenden Substanzverlustes keineswegs nur der Kirche nicht – entschlossen umzukehren, weg von den nichtigen Wortruinen der vermeintlich Wissenden oder gar mit ihrem Nichtwissen Kokettierenden hin zu einer Kinderschule, in der mit ursprünglicher Freude und Begeisterung gelernt wird von jedermann, einer Schule, aus der in diesem Leben nie entlassen zu werden gerade ihre besondere Herrlichkeit ausmacht? Da wird der Tempel des alten Israel aufs neue zum Lehrhaus, und ich verstehe, warum der Psalmist nicht lediglich ein flüchtiger Gottesdienstbesucher sein möchte, sondern darum bittet, „daß ich im Hause des Herrn [sitzen!] bleiben möge mein Leben lang" (Psalm 27,4). Predigten wie die Predigten Lothar Steigers, die uns dahin führen, wo an einem finsteren Ort ein beständiges Licht leuchtet (2. Petrus 1,19), wollen also nicht nur gehört, sondern müssen auch wieder und wieder gesammelt *gelesen* werden, in der Gestalt eines Elementarbuches, eines Katechismus.

Was gibt es da alles in ernstem und heiterem Spiel zu lernen: Lesen, Rechnen (!), Singen, Malen, Dichten, Naturkunde – alles in allem „das allerbiblischste Wort“: ‚Siehe‘! Allein schon die vielen Tiere, die der Leser von Grund auf neu, nämlich als ‚biblische Tiere‘ kennenlernt, müssen das Kinderherz des Lernenden höher schlagen lassen: Vogel und Glucke, Ochs und Esel, Storch, Schaf und Hund ... Wie gerne gehe ich in diese Schule! Mag weithin das Kirchenvolk, des trockenen Magistertones satt, geneigt sein, dem Teufel der Geistlosigkeit zu kindischen Kommunikationsspielen Raum zu gewähren: Hier wird die hohe, die aufklärerische Lust an der Erkenntnis geweckt und befestigt, der neidischen Gottheit ängstlicher Bedenkensträger, die uns solche Lust verwehren möchte, zum Trotz. Lothar Steiger gehört nicht zu den Theologen, die sich für das Denken entschuldigen zu müssen meinen, kennt er die Theologie doch als eine ‚fröhliche Wissenschaft‘ von dem her, in dessen Schule er mit allen dort versammelten Kindern Gottes in wachsender Leidenschaft sitzengeblieben ist: „Jesus ist kein Denkmal, sondern kann denken.“ So werden auch Jesu Schüler zum Denken erzogen, indem sie mit ihm auf mannigfachen Wegen *unterwegs* sind zu ihrer wahren Bestimmung, zu ihrer Würde als Ebenbilder Gottes, die ihrem Schöpfer und Erlöser mit Wort und Tat verstehend entsprechen.

Sage niemand in dieser Schule: Dazu bin ich zu gering. Er lasse sich vielmehr in der Gemeinschaft der Lernenden ermutigen, auch da – neugierig! – mitzugehen, wo er (noch) nicht verstehen kann, weil alles Verstehen seine Zeit hat und braucht, Zeit für die vielfältig verschlungenen Pfade des Lebens, denen das Denken nachzugehen hat. Aufregend ist allemal, was auf den mitgehenden und mitfühlenden Leser Lothar Steigers wartet – eine *Welt.* Nicht an eine religiöse Hinterwelt ist hier zu denken! Was Steigers Predigten in von *biblischer Anschauung* gesättigter Sprache zum Vorschein bringen, ist vielmehr genau jene herrliche und abgründige Welt, die Jesus mit uns durchquert. An nichts wird es uns da mangeln. Steiger macht eben nicht den Fehler gedankenloser Theologen, Jesus von der Welt-Zeit der (seiner!) Bibel, d.i. vom Alten Testament, zu separieren, und ist so der erbärmlichen Sorge quitt, einen weltlosen Jesus künstlich mit ‚unserer heutigen Wirklichkeit' verkuppeln zu müssen, was allemal zu schlimmen Ideologien führt, z.B. zum Antisemitismus, dem in diesen Predigten gründlich, weil biblisch begründet, widerstanden wird. Mit dem durch und durch biblischen Jesus dieses Buches gelangen wir vielmehr auf die Höhe der Zeit und so in die Tiefe des Weltelends, lernen die Zeitgeister unterscheiden und brauchen so wenig wie das Volk, das Jesus lehrte, die Weltweisheit zu scheuen, was freilich in den Augen der Weltweisen sich wie höchste Torheit ausnehmen mag.

Sollte solch ärgerliche *Geistesfreiheit* auch Theologen bedenklich stimmen, die ihr Lob statt von ihrem Herrn lieber von anerkannten Instanzen, von wissenschaftlichen und anderen Moden zu beziehen trachten? Doch: Denken ist nicht Bedenklichkeit. So ist Lothar Steiger die verbreitete Bedenklichkeit im Blick auf biblisch überlieferte Wahrheit („Wie kann man heute noch ...?") ganz fremd, weil er die *Freiheit Jesu* lehrt, sich denkend überraschend neu zu ihr zu verhalten: Lustige alte Flicken auf neue Kleider! Wer wußte z.B. schon, daß der Dreieinige Gott des christlichen, die Bibel der Juden unter den Heiden zu Ehren bringenden Bekenntnisses ein Demokrat ist, weil er seine Allmacht uns zugut als Vater, Geist und Sohn geteilt hat in die vollziehende, die gesetzgebende und die richterliche Gewalt? Wem wurde die Rede vom Jüngsten Gericht zur frohen Erwartung gerade für aufgeklärt-kritische

Zeitgenossen? Wo erschien das Aschenputtel Ethik im strahlenden Gewande bezwingender Anmut, wo wurde Freudsche Trauerarbeit verknüpft mit der Vollmacht der Liebe, die Menge der Sünden zu bedecken (‚Deckel drauf!'), wo geriet politische Predigt nicht zum garstigen Lied, sondern zum Herzen und Hände stärkenden Gesang von des lieben Gottes strenger Freundlichkeit? Wer kam als ‚moderner' Theologe angesichts der Frage „Wie wird det mit uns so nachn Tode?" (Tucholsky) über abstrakte Negationen hinaus?

Man täte des Autors hoher rhetorischer und dialektischer Kunst unrecht, würde man sie verwechseln mit der Traditionsvergessenheit, der eine oberflächliche Öffentlichkeit Originalität und Authentizität nachzurühmen beliebt. Dieses Lehrers Autorität fließt vielmehr aus seiner Fähigkeit selbst zu lernen, seiner Bereitschaft, sich lebendig bilden zu lassen im Gespräch – nicht zuletzt mit den Stimmen derer, die vor uns waren. Aus solchem Gespräch, dessen *Stimmung* den Philosophen ebenso einschließt wie – das Kind, aus ihm, das Vergangenheit und Zukunft biblisch geistesgegenwärtig am Tisch des Wortes Gottes versammelt (auch für die ‚Hündlein' von Matthäus 15, 27 fällt da genug ab!), wächst der Sprache ein unendlicher Bedeutungsreichtum zu, Erdschwere und funkelnder Witz. Sucht man nach Vorbildern, ist es nicht verkehrt, an das Zeitalter des Barock zu denken. ‚Barocktheologen' wie die Lutheraner Johann Gerhard (1582–1637) und Heinrich Müller (1631–1675), jene ‚alten Tröster', von denen zu lernen ist, wie erbaulich theologische Wissenschaft, die zu liebevoll-entdeckerischem Lesen der Bibel anleitet, sein kann, sind als Paten erkennbar. Ja, tönen nicht durch alle (auch die nicht in Kantatengottesdiensten gehaltenen) Predigten „die einfallsreichen tröstlichen Kunststücke des Kompositeurs Johann Sebastian Bach" hindurch? „Füttre deine Seele mit Musik, mit Evangelium, damit du im Alltag nicht den Einwand deiner Seele hören mußt, sie sei zu kurz gekommen und könne deshalb keinen Widerstand mehr leisten!"

Der Leser sieht also, was angesagt ist in unserer Zeit. Und wer, verführt durch den auch in Kirchen gängigen denkfaulen und herzlosen Rationalismus, meinen sollte, er bedürfe solch geharnischter, geist-leiblich-seelisch anspruchsvoller Rede nicht, wie sie ihm in diesem Buch so liebenswürdig-gewinnend dargeboten wird, der sehe zu, wie er sonst es vermöge „*Widerstand* zu leisten am bösen Tage" (Epheser 6, 13).

Kristlieb Adloff

I.

JESU WEG
MIT UNS

Hinweg

oder
Hinauf, hinab: derselbe

„Siehe, wir gehen hinauf nach Jerusalem!“
LUKAS 18,31–34

Und wussten nicht

Er übernahm die Zwölf und sprach vor seinen Leiden:
„Sehet! Nach Jerusalem hinauf wir ziehn.“
Was durch Prophetenschrift dem Menschensohn verliehn,
das muß sich alles nun vollenden und entscheiden.

Daß überliefert werde, er, der Herr, den Heiden,
verspottet und verschmäht und ins Gesicht gespien.
Und die ihn geißeln würden, werden töten ihn.
Daß er am dritten Tage auferstehe beiden.

Auch die aus Israel und seine Jünger sind
vor dieser Rede, ihnen tief verborgen, blind.
Sie selber sahn und fühlten nichts von alledem

und wußten gänzlich nicht, was das Gesagte war.
Drum übernahm, der überliefert wird, die Schar
indem er sprach: Wir *ziehen nach Jerusalem.*

*

Seht, daß Jesus vom tiefsten Punkt der Erde, das ist Jericho, hinaufgeht nach Jerusalem! Und wie er seine Jünger im doppelten Sinn des Wortes ‚mitnimmt', indem er anfängt zu sprechen: „Siehe, wir gehen hinauf nach Jerusalem!"

I.

Ein Reiseprospekt fliegt mir mit diesem Predigttext ins Haus. Von Jericho soll's abgehen und hinauf. Im Lexikon, im Brockhaus, schlug ich nach, was denn von Jericho real zu wissen sei. Ich lese dort:

„Oasenstadt in Jordanien, 250 m u. M. in der Depression des Ghor (Jordangraben) 8 km westlich des Jordan gelegen … Jericho ist die tiefstgelegene Stadt der Welt und hat in den umgebenden Gärten eine fast tropische Vegetation."

Ich wußte gar nicht, daß ‚Depression' ein geographischer Begriff ist. Gesetzt den Fall, eine Menschenseele, die unten wäre und down, die genug hätte und enttäuscht worden wäre von allen Reiseversprechungen: Wenn die davon hörte oder läse, es gebe eine Reise hinauf … würde die nicht interessiert sein und aufmerksam werden? Gesetzt weiter den Fall, eine ganze Gemeinde wäre auf dem Tiefpunkt angelangt, so daß ihr niemand mehr hinaufhelfen könnte: sie selbst sich nicht und keine Kirchenleitung und kein Gerichtsverfahren: Müßte die sich nicht genau dort einfinden, am Jericho-Tiefpunkt, 250 u. M., am tiefsten Punkt der Erde – und tiefer kannst du nicht kommen, als wo jener Reiseleiter steht und spricht:

„Wir gehen hinauf" …? Müßten nicht alle Gruppierungen und streitenden Parteien jener Gemeinde erkennen, daß ihre „fröhlichen Gassen" und „duftenden Gärten", von denen Hölderlin sang, „eine fast tropische Vegetation" angenommen haben, von soviel aufgestauter Hitze des Streits, von Auseinandersetzungen, die sich ausgewachsen haben, uns über den Kopf, betäubende Dämpfe, Papageiengeschrei, das nichts Neues mehr bringt, sondern nachplappert, was früher gesagt wurde? Wie glücklich wäre eine solche Gemeinde dran, gesetzt immer den Fall, es würde sie geben, wäre glücklich im Unglück, denn sie brauchte nicht erst die lange Anreise zu machen nach Jericho, sondern wäre schon da und könnte sich sammeln und abfahren unter der Kanzel, direkt vor der eigenen Tür.

Ihr braucht keine Angst zu haben, euch sogleich entschließen zu müssen, ob ihr mitgehen wollt. Stellt euch auf hinter dem Rücken der Jünger, die stehen da und verstehen auch nichts! Laßt es nur darauf ankommen, ob ihr Lust bekommt! Haltet alle Wahrheit für unverbindlich solange, bis sie euch verbindet, euch und eure Wunden dazu!

II.

Nun hört, was der Reise- und Seelenleiter Jesus spricht, der sich auskennt wie kein Zweiter in der Geographie von Jericho, in allerlei Depressionen, Senken und Jordangräben. Weshalb wir auf jedes einzelne Wort der Reihe nach achtgeben müssen, wenn er spricht: „Siehe, wir gehen hinauf nach Jerusalem!"

In der kleinsten Senfkornbibel der Welt, in der nur ein einziges Wörtlein stehen dürfte, müßte das allerbiblischste Wort stehen, mit dem auch Jesus seine Rede beginnt, nämlich: „Siehe!" So hat Gott der Herr am ersten Tag das Licht erschaffen, damit er am zweiten Tag die Erde, die er gemacht hat, sehen könne, und alles Wasser. „Und Gott sah, daß es gut war!" Eine biblische Geschichte, in der das „Siehe!" ertönt ..., da kannst du sicher sein, auch wenn du noch gar nichts siehst oder verstehst, daß alles gut werden wird. Als Abraham dasaß in seiner kinderlosen Verlegenheit, „saß an der Tür seiner Hütte, da der Tag am heißesten war" (1 Mose 18,1), da fährt die Erzählung fort mit lauter ‚sehen' und „siehe!": „Und als er seine Augen aufhob und sah, siehe, da standen drei Männer vor ihm." Und als Jesus bei Simon zu Tisch lag, bei jenem Pharisäer, der Jesus so gern sehen wollte – und bei dem sich Jesus auch gern sehen ließ, um zu zeigen, daß alles gut wird mit seinen jüdischen Brüdern, da fährt die Geschichte im nächsten Vers wieder fort mit einem unerwarteten „siehe!": „Und siehe, ein Weib war in der Stadt, die war eine Sünderin!" (Lukas 7,37). Ja, bei uns Menschen reicht es nicht, daß es gut ist, wie es reicht bei allen andern Geschöpfen: bei Erde und Wasser, bei Pflanzen und Tieren, bei Sonne und Mond. Bei uns Menschen muß es sehr gut sein, weshalb es am sechsten Tag, nach der Erschaffung des Menschen, von Mann und Frau, heißt: „Und siehe, es war sehr gut" (1. Mose 1,31). Beides: „sehr gut" und „siehe"! deutet auf den Menschen, der gut nur ist in einem Verhältnis zu sich selbst, zu seinem nächsten Geschöpf (zu Mitmenschen, zu Himmel, Wasser und Erde) und zu Gott seinem Schöpfer – und sich deshalb in einem Spiegel sehen muß: „Siehe!" Laß es also nicht nur gut sein, sei nicht zufrieden mit dem, wie es ist! Solange es nicht sehr gut ist zwischen Menschen, ist es nicht gut. „Siehe, wir gehen hinauf nach Jerusalem!" Ja, siehe! Vor dem Gehen kommt das Sehen.

III.

Wenn man seinen Blick gesenkt hält, auf seine Schuhspitzen schaut, ist man wie ein Fahrschüler, der statt vorausblickend auf die Straße auf die Kühlerhaube schaut. Siehe! das heißt: siehe auf! Wohin? „Ich hebe meine Augen auf zu den Bergen, von welchen mir Hilfe kommt" (Psalm 121,1).

Richtet nicht ein Wanderer oder Bergsteiger seinen Blick auf das Ziel? Ehe er den Weg unter die Füße nimmt, faßt er das Ziel ins Auge. Das Ziel heißt Jerusalem, das liegt auf dem Berg Zion. 750 Meter hoch liegt die Stadt –, und ich rechnete 750 plus 250 Meter, das macht 1000 Meter. Das müsse zu machen sein, dachte ich. Da sagte einer meiner Söhne, das himmlische Jerusalem würde noch ein paar Meter höher liegen. Das erschien mir wie ein Strich durch meine Rechnung. Doch ehe ich mutlos den Federhalter hinlegen konnte, sagte mir derselbe Sohn, daß am Ende der Welt, wenn der Messias in die Davidsstadt einziehe, das himmlische Jerusalem auf das irdische Jerusalem herabkomme. Da freute ich mich und dachte bei mir, daß, wenn Kinder ihre Eltern belehren und Väter ihre Herzen zu den Kindern bekehren (Maleachi 3, 24; Lukas 1, 17), dann wohl das Ende der Zeit gekommen sein müsse – und daß die Reise zu machen sei – und daß ich als Prediger vor euch hintreten könne und sagen, daß der Satz des freundlichen Reiseleiters und Seelenführers verständlich ist am Anfang, wenn er sagt: „Siehe!" und verständlich ist am Ende, wenn er spricht: „nach Jerusalem".

IV.

Aber dazwischen, Ihr Leute, der Weg: der war mir gar nicht verständlich. Verstehen konnte ich nur die Jünger, die kein einziges Wort mehr verstanden. Weil Unverständnis nicht nur kurz im Kopf ist, sondern ein Zustand, der lang ist und lähmt, braucht der Evangelist drei Sätze, um das Unverständnis der Jünger festzuhalten: „Sie aber verstanden der keines, und die Rede war ihnen verborgen, und wußten nicht, was das Gesagte war" (V. 34). – Wenn wir nicht verstehen, gebrauchen wir unbedacht die Redewendung, daß wir ‚nur Bahnhof' verstünden. Aber wer Bahnhof versteht, versteht ja noch etwas: Der weiß, daß und wo Züge abfahren, weshalb sich an Bahnhöfen Heimatlose und Verirrte aufhalten, die hoffen und davon träumen, es könne ein Zug kommen, der sie mitnimmt in eine bessere Gegend. Aber die Jünger hier waren so mitgenommen von dem, was Jesus von sich gesagt hatte, daß sie meinten, es gehe kein Zug mehr ab von Jericho, kein Zug mehr hinauf.

Wenn wir ehrlich sind, gestehen wir auch unsere Hilf- und Ratlosigkeit ein am Sonntag Estomihi, der der Sonntag ist vor Beginn der Passionszeit. Den schönen Psalm 31, von dem dieser Sonntag seinen Namen hat – und mit dem wir hinaufsteigen die Stufen des Altars: Esto mihi: Sei mir! „Sei mir ein starker Fels!" – den verstehen wir noch gut, daß ein Wanderer und Bergsteiger so ausrufen und beten müsse: „Sei mir ein starker Fels!" Womit doch der Bergführer gemeint sein muß, der sicher ist und geht und macht, daß mein Fuß nicht gleite.

Und dieser Reiseleiter, der von Leiden spricht, die ihm bevorstehen! und diese Leiden so ausführlich beschreibt, es wagt, so ins Detail zu gehen: vor Seelen, die nichts als unten sind, 250 m u. M.! Da sagt er von sich: „Denn er wird überantwortet werden den Heiden; und er wird verspottet und geschmäht und verspeit werden, und sie werden ihn geißeln und töten" – da geht doch der letzte Satz unter: „und am dritten Tag wird er wieder auferstehen"! – Wer das hört, fällt der nicht ab und tiefer hinunter in eine Depression, die nur mit Meerestiefen zu messen ist, 1000 m u. M.? Wie auch der Psalter spricht: „Gott, hilf mir; denn das Wasser geht mir bis an die Seele. Ich versinke in tiefem Schlamm, da kein Grund ist; ich bin in tiefem Wasser, und die Flut will mich ersäufen. Ich habe mich müde geschrien, mein Hals ist heiser; das Gesicht vergeht mir, daß ich so lange muß harren auf meinen Gott" (Psalm 69, 2–3).

V.

Diese Meeresabgründe und -tiefen, die mußte Jesus durchmachen und mußte uns in sie mitnehmen, damit wir unsere Jericho-Depressionen ein wenig relativieren. Daß wir unsere Ausweglosigkeiten nicht für die allerletzten und tiefsten halten! Damit, wenn wir im Schlamm versinken, wir an ihm noch festen Grund unter den Füßen haben und rufen können: Sei mir ein starker Fels! Auch auf dem Meeresgrund gibt es Felsen. Damit wir in unseren Schwierigkeiten mit uns selbst und mit unseren Nächsten wirklich ‚noch Bahnhof' verstehen: wo ein Zug abgeht mit diesem Reiseleiter und Seelenführer hinauf. Mit dem Menschen hinauf, der mit demselben Psalm am Kreuz gesprochen hat: „Ich befehle meinen Geist in deine Hände" (Psalm 31,6; Lukas 23,46). Siehe, wir gehen hinauf, hinauf nach Jerusalem, wo der Berg Zion zugleich der Berg Golgatha ist! Seht, dem das Gesicht vergangen ist, der sieht und sagt: „Siehe!" Und der versteht selbst, wenn wir nicht verstehen können: Weshalb er uns ja doppelt ‚mitnimmt'. Durch die Ankündigungen seiner Leiden und durch sein Gehen hinauf! Denn Nichtverstehende – die rettet man nur, indem man sie mitnimmt: sie mitnimmt auf demselben Weg hinauf, auf dem sie heruntergekommen sind. Noch einmal muß ich die biblische Geographie bemühen und daran erinnern, daß der Weg von Jericho hinauf derselbe ist, auf dem der Mensch heruntergekommen ist: der Mensch, der unter die Räuber fiel. „Es war ein Mensch, der ging von Jerusalem hinab gen Jericho und fiel unter die Räuber ..." (Lukas 10,30). Die Heruntergekommenen dürfen den Rückweg hinauf antreten! Ihr dürft durch alle diese Dinge, die da passiert sind unter euch, hinaufgehen! Ihr braucht die Schuld nicht mehr auseinanderzudividieren und zu verteilen. Schimpfe und Spucke liegen auf ihm, auf daß wir Frieden hätten!

Damit wir vollends gar nichts mehr verstehen, sondern uns nur noch wundern können über jenen gnädig-starken Seelenführer, der uns durch all den eigenen Schlamm und Schlamassel hindurch- und hinaufführt! Daß uns vor lauter Befreiung und Freude die Spucke wegbleibt! die Geißel des Spotts uns aus der Hand fällt – unserem Nächsten gegenüber! Daß wir unfähig werden dazu, einander durch üble Nachrede zu töten! Daß wir nicht mehr achtlos vorübergehen an dem, der unter die Räuber fiel! Und daß dieser nicht länger seine Wunden lecke, sondern sich hinaufnehmen lasse von jenem Samariter, der nicht nur leibliche Wunden zu verbinden und zu heilen versteht, sondern der auch einer Seele dies tun kann, einer verwundeten Seele, einer Seele, die Schaden genommen hat.

VI.

Seht, jetzt versteht ihr wohl nicht nur den Anfang des Satzes „Siehe!“ und das Ende des Satzes „nach Jerusalem“, sondern auch die Mitte des Satzes, der heißt: „wir gehen“. Und: „Er nahm zu sich die Zwölf.“ Muß schon die Verirrten und Heimatlosen am Jericho-Bahnhof zusammenhalten – und „wir“ sagen. Muß jedem einzelnen von uns einen Mut unterstellen und seinen Daumen, der nach unten zeigt, nach oben zeigen machen mit dem „Hinauf!“ und „Siehe!“. Kannst ja sonst ein Nichtverstehender bleiben und deine Faust noch ein wenig geballt halten. Aber wenn dein Daumen nicht mehr nach unten zeigt, sondern hinauf – dadurch, daß er dich zu sich nimmt –, dann kann die Reise schon abgehen. Und das Lied zur Reise lautet lustig und kann man spielen: „Wir fahren nach Jerusalem – und wer fährt mit ...?“

Jeder darf mitfahren: die Katze mit dem langen Schwanz und wer den Schwarzen Peter gezogen oder gar behalten hat: Er oder sie darf mitfahren und mittun bei dem Daumenspiel. Das Daumenspiel ergibt zuletzt einen

Händeturm, der bis hinauf nach Jerusalem und bis an den Himmel reicht. Kein unrechter Angst- und Selbstverwirklichungs-Babel-Turm, sondern ein gottgefälliger und menschenfreundlicher Jericho-Jerusalem-Siloah-Teich-Turm! Und Gott der Herr, der vom Himmel sieht auf soviel guten Unverstand, der wird auf Pfingsten sich auch die neue Sprache dazu ausdenken, zum Geburtstag – herzlichen Glückwunsch! – einer neuen Gemeinde, eines neuen Menschengeschlechts. Ist doch aller Zorn gestillt und der Weg hinauf frei geworden für die geschwisterliche Liebe unter uns! „Siehe, wir gehen hinauf nach Jerusalem!" Eine Gottesstadt, von der es heißt, was allen Städten gelten soll: sie solle „fein lustig bleiben mit ihren Brünnlein" (Psalm 46,5). Und Hölderlin nickt dazu.

*

Sei sehend!

Wie er sich nähert Jericho, geschah's.
Ein Blinder an dem Wege bettelnd saß.
Der forschte von dem Volk, das da vorübergeht,
es komm' entlang Jesus von Nazareth.

„Du Jesus, Davids Sohn, erbarm dich mein!"
rief er. Und fängt nur lauter an zu schrein,
da man ihm droht. Steht still der Gott und Davidssohn
wie Sonn und Mond im Tale Ajalon.

Der Blinde wird geführt in Jesu Nähe.
Was er ihm tun soll? „Daß ich wieder sehe!"
„Sei sehend! Dich errettete dein Glaube!"

Und gleich er sieht und folgt ihm nach im Staube
laut preisend Gott. Das ganze Volk – es sieht!
Und spendet Gott ein Lob- und Dankeslied.

Umweg

oder
Schöne Gaben

„Da nun Jesus war zu Bethanien …"
MATTHÄUS 26,6–13

ARMUT

Da in Bethanien war ein Mann geheilt,
der hieß noch immer Simon der Lepröse.
In dessen Hause Jesus sich verweilt,

damit er sich von Leid und Freuden löse.
Kommt eine Frau und gießt ihr Salbölglas
– die Jünger sehen es und werden böse –

ihm auf das Haupt, da er zu Tische saß.
„Vergeudung!" Für die Armen hätte man
verkaufen soll'n das schwere teure Naß!"

Er fängt von seinem Tod zu reden an.
ER sagt: „Warum bekümmert ihr das Weib?
Sie hat ein gutes Werk an mir getan.

Die Armen habt ihr immer. Ich nicht bleib'.
Und nicht für allezeit könnt ihr mich haben.
Daß sie das Öl vergoß auf meinen Leib,

hat sie allein getan, mich zu begraben."
So nahm doch Armut noch den Überfluß
der Liebe in sich auf, die schönen Gaben.

In Freude war verwandelt der Verdruß.
Und wo man predigt auf der ganzen Welt,
da geht es, wie nach Jesu Wort es muß.

Wodurch ER alle Menschen hat erwählt:
Mit seinem Leiden, Sterben und Vermächtnis,
da haben Jesu Jünger auch erzählt:

Was sie getan hat, zu der Frau Gedächtnis.

*

1. *Da in Bethanien war ein Mann geheilt,*
der hieß noch immer Simon der Lepröse.

Ja, der hieß noch so, obwohl er längst von seiner bösen Krankheit erlöst und gesund geworden war. Sonst hätte er nicht in Bethanien unter Menschen leben dürfen. Aber er hieß weiter Simon der Lepröse. Nach wie vor nannten die Leute ihn so. Vielleicht hat sich Simon zuerst darüber geärgert, daß das Volk so träge und nachtragend mit seiner Meinung und Sprache war. Aber dann ist ihm klar geworden, daß es sein Gutes hatte, immer an seine Vorgeschichte und *vita ante acta* erinnert zu werden, mithin an seine Rettung und Heilung. Es war ausgeschlossen, daß er seine Biographie und so sich selbst vergaß. Er gehörte nicht zu denen, die beim Eintritt in das Reich Gottes ihre Vergangenheit sozusagen an der Garderobe abgeben. Und Simon hießen viele, doch Simon der Lepröse hieß nur er. Da freute er sich, daß ihn die Leute beharrlich so nannten.

2. *In dessen Hause Jesus sich verweilt,*
damit er sich von Leid und Freuden löse.

Von Leid *und* Freuden, das ist richtig. Er war damals nämlich, schon bei seinem Einzug, dem hochfreudigen, palmenschwingenden, gott- und davidssohnbegeisterten

Einzug in Jerusalem, war gegen Abend, er allein, nach Bethanien gegangen, da in der Nähe der Stadt, wie man auf der Karte annimmt: südöstlich. „Und er ließ sie da und ging zur Stadt hinaus gen Bethanien und blieb daselbst. Als er aber des Morgens wieder in die Stadt ging, hungerte ihn“ (Matthäus 21,17). So löste er sich, um wieder da zu sein, machte sich los auch von der Freude, die ihn so stark bewegt hatte, die er mit allen teilte – und von der er sich dennoch nicht hatte einnehmen lassen, es nicht durfte angesichts dessen, wie das Reich kommen würde, Gottes Herrschaft, genau auf ihn zu. Da ging er den Seitenweg, suchte die Ruhe und fand sie da in Bethanien.

Und jetzt, nachdem er es zum dritten und letzten Mal gesagt hat, geweissagt sein Leiden, er, ein Prophet in eigener Sache, wie's kommen würde, da wurde das Leiden so dicht wie damals die Freude, ging wieder weg aus der Stadt, in der einen hungert, schlug ein den Seitenweg, geht nach Bethanien, um später wieder da zu sein, am Morgen.

Nun aber ist er bei Simon im Haus, da liegt er zu Tisch. Zu Simon kann er kommen, der läßt ihn und fragt nichts. Schalom!, sagt einer da nur oder meinethalben hallo! Darf sich niederlassen, sich lassen, lösen. Zu Simon geht er, der wird nichts von ihm wollen, hat ihm früher schon allen Willen getan, hat ihn von dieser lästigen und schweren Krankheit geheilt, belästigen und mit Fragen und Sorgen beschweren wird der ihn bestimmt nicht.

Wenn einem das Leid bevorsteht, einer ins Leiden zu gehen hat, was braucht ein Mensch dann? Er braucht, wie der Dichter sagt, „einen ruhigen Freund“.

*

„Denken die Himmlischen / Einem der Erdgeborenen / Viele Verwirrungen zu / Und bereiten sie ihm / von der Freude zu Schmerzen / Und von Schmerzen zur Freude / Tief-erschüt-

ternden Übergang / Dann erziehen sie ihm / In der Nähe der Stadt / Oder am fernen Gestade / Daß in Stunden der Not / Auch die Hülfe bereit sei / Einen ruhigen Freund"
(J. W. Goethe).

*

Bethanien – das ist: „In der Nähe der Stadt". Und Simon – ein ruhiger Freund. „Oder am fernen Gestade": Da war der andere Simon zu Haus, kam von der Cyrenaika, Simon von Kyrene, der auch ein ruhiger Freund gewesen ist, als er unserem Herrn und Heiland das Querholz oder den Kreuzbalken trug. Was Simon ihm tat, das stand ja in einem ruhigen Psalm. „Du bereitest vor mir einen Tisch im Angesicht meiner Feinde." Da kommt schon die Frau zur Tür herein, damit auch die andere Hälfte wahr sei durch ihr Tun. „Du salbest mein Haupt mit Öl und schenkest mir voll ein."

3. *Kommt eine Frau und gießt ihr Salbölglas*
   – die Jünger sehen es und werden böse –
   ihm auf das Haupt, da er zu Tische saß.

Was die Frau wohl bewogen hat, hierher zu kommen, sie – aus gutem Haus in das weniger gute, und zu tun, was sie tat? Sie hatte sicher von Jesus gehört, ihn gesehen, ein Wort, eine Tat. Das hat sie bewegt, setzt sie in Bewegung, wollte etwas schenken, das Wort ‚etwas' ist schon falsch, sprach auch nicht von ‚Zeichen ihres Dankes', sondern plötzlich, fast zu heftig, unangemeldet wie der Aorist ihres Auftretens, tat sie es und benahm sich dabei, wie man in besseren Kreisen nicht tut, zeigte Verwirrung, verriet Gefühl, wenn auch gefaßt, war bei ihm bei sich und außer sich. Höchst frei und anfechtbar in einem tat sie das Notwendige, das überflüssig geriet. Wurde so frei vermöge der Liebe, die sie zu Jesus gefaßt hatte – die sie erfaßt hatte. Fällt aus der Rolle und ist sie selber.

Im Neuen Testament kennen wir solche freigebigen Frauen, die sich getrauen, sich zu Jesus zu bekennen, durch schöne Gaben, sogar durch Geld. Ihre hochgestellten Männer sind so liebend und frei nicht, haben zwar die Hosen an, aber auch die Hände an der Naht derselben.

Ihn zu lieben, war also ihr Beweggrund und Wesen, ihres Verhaltens Essenz, die sie ihm in flüssiger Form auf den Kopf zu erkennen gab. Doch in den Kopf der Jünger will's nicht gehen. Die werden böse.

4. Vergeudung! Für die Armen hätte man verkaufen soll'n das schwere teure Naß!

Daß die Frau es haben muß, das sieht man ja. Glas und Essenz sind schwerteuer, verraten die Schicht, den Besitzstand. Der Realist unter den Evangelisten, Markus, schätzt den Wert auf 300 Denare (Markus 14, 5). Um 5000 Menschen satt zu kriegen, braucht man Brot für 200 Denare (Markus 6, 37). Also anderthalb Mal Satt einfach auf den Kopf gehauen. Buchstäblich. Was Wunder, wenn die Jünger darüber aufgebracht sind! Die Jünger sind es immerhin, die sich entrüsten. Wahrhaft empört sind sie über den Unverstand unnützer Frömmigkeit. Die Jünger selbst, nicht mehr Außenstehende und Zuschauer, wie noch im Markusevangelium, üben die Kritik, die darum doppelt ernst genommen sein will. Ja, die Sozialkritik ist der Kirche nichts Äußeres mehr, sondern ist in sie eingegangen, war schon zur Zeit der Matthäus-Gemeinde rezipiert, von den Jüngern geübt. Die Kritik kommt von innen, hat ihren Ort gefunden in Jesu Passion, rückt vom Rand in die Mitte des Geschehens, da in Bethanien. Da ist die Ruhe hin.

Ja, hätte man es nicht wirklich verkaufen sollen, für schweres Geld die Luxusware, um Brot für die Armen zu haben, die weiß Gott auf Hilfe dringend angewiesen sind? Dieser fromme Unverstand – nichts als Verlust. Noch nicht einmal Verschwendung, sondern Vergeudung. Für nichts. Was wird Jesus antworten?

5. *Er fängt von seinem Tod zu reden an.*
ER spricht: „Warum bekümmert ihr das Weib?
Sie hat ein gutes Werk AN MIR getan.“

Begossen sitzt Jesus da, doppelt begossen mit Salböl und Schelte. Gelöst haben wollte er sich von dem bevorstehenden Leiden, jetzt nimmt er sein Leiden auf und löst den Widerspruch, der sich aufgetan hat zwischen der Frau und den Jüngern. Und das seinetwegen. Er fängt von seinem Tod zu reden an, der die Versöhnung aller Widersprüche ist. Nicht scharf, sondern versöhnlich stellt er die Frage: „Warum bekümmert ihr das Weib?“ Jesus lenkt die Aufmerksamkeit der Jünger zuerst darauf, was ihre Kritik bewirkt hat: Bekümmerung. Bemüht seid ihr, um das Gute bemüht, und macht gleichwohl ungute Mühe. Unfroh und unfähig wird einer dann, auch zum Tun des Guten unlustig, am Ende bleibt unerbauliches Rechthaben. Die Kritik wollte etwas leisten. Am Ende leistete man sich Kritik. Seht ihr denn nicht, daß die Frau gearbeitet hat, die Mühe der Liebe, der Armen- und Nächstenliebe, auf sich genommen hat? Was ihr vermißt, das gute Werk, das tat sie mir! Seht ihr nicht? Ich bin der Nächste und Arme!

„Daß sie das Öl vergoß auf meinen Leib,
hat sie allein getan, mich zu begraben.“

In seine Todesarmut nimmt Jesus das nach außen so anfechtbare und zerbrechliche Tun ihrer Liebe auf. Gesalbt habe sie ihn für sein Begräbnis. So erhält ihr freies und schönes Handeln doch einen Zweck, wird ihre Gabe zum Werk „an mir“. Um die Frau zu retten, macht Jesus aufmerksam auf sich, was er außer seiner Passion im Evangelium nicht tut. Seine Armut rettet die überflüssige Liebe der Frau. Von der Frau weg auf sich lenkt er den kritischen Blick:

„Die Armen habt ihr immer. Ich nicht bleib'.
Und nicht für allezeit könnt ihr mich haben."

Keine Gegenschelte fängt Jesus an. Sondern er spricht ein Urteil, das den Streit schlichtet. Keinen Kompromiß will er schließen, in den sich die Streitenden schicken müssen. Und nicht beruht sein Urteil auf einem Frieden, den die Betroffenen zuvor geschlossen hätten. Sondern sein lösendes Urteil kommt zustande durch einen Schuldspruch, den er, der Richtende, einlösen wird: gekreuzigt, gestorben und begraben. Was streitig ist und auseinanderfällt, hier geht es zusammen: Freude und Leid, Überflüssiges und Nötiges, Schönheit und Zweck, Luxus und Armut, Gabe und Werk, Gelassenheit und Mühe, Kritik und Gehör. Wenn nur dies immer gesagt werden kann und durchscheint: ein gutes Werk – AN MIR! Sonst ist nichts geschlichtet! Und die Qualitäten des Schönen und des Zweckhaften blieben einander auf ewig feindlich, müßten sich ausschließen, wie sehr einer auch die Spekulation oder die Kritik bemühte.

Ein gutes Werk AN MIR. Hier sind die Qualitäten nicht mehr quälend, sondern gehen aneinander hin und ineinander über: die Selbstliebe und die Gottesliebe und die Nächstenliebe. Wo Gott und Mensch versöhnt und verglichen sind, in Jesu Leiden und Sterben, da gibt es auch eine neue Wissenschaft, eine ureigene theologische Wissenschaft, die ihr Maß im Kreuz und Grab Christi hat. Nicht von anderen Wissenschaften entlehnt ist sie und beruht auf einem Frieden, der höher ist als alle Vernunft. Denn die Vernunft kann nur denken in getrennten Qualitäten, wie der Verstand nur Quantitäten zu messen vermag. Denn wissenschaftlich im allgemeinen betrachtet müßten die Jünger böse bleiben und sagen: Ach, Jesus, du verbrämst das nutzlose Tun der Frau! Nie kann zum guten Werk werden, was doch Vergeudung ist. Und wenn die Frau anfinge, sich zu verteidigen und zu empfehlen, würde sie das Verkehrte sagen: Ach, ihr abstrakten Sozialköpfe, was versteht ihr von Pietät und Liebe! Dann hätte man in Bethanien weiter gestritten und hätte fortgeredet, wie man bei uns heute redet; hätte sich im Hause Simons des Aussätzigen, hätte sich ausgerechnet bei dem stark gemacht für die Alternative: entweder schön oder nutzbringend, wie das bei uns geschieht; hätte sich weiter betrübt und unfroh gemacht, so daß beide Lieben zugrunde gegangen wären, die Gottesliebe sowohl als auch die Nächstenliebe – und die Liebe und Freundlichkeit sich selbst gegenüber dazu. Dann wäre jeder in seiner Qual geblieben. Die einen kritisieren die Verzweckung des Lebens und kennen das Gute nur als guten Zweck an. Geschenke gibt es hier nicht mehr, die Kosten für den Blumenstrauß hat man auf ein Konto zu überweisen. Die anderen meinen, daß das Schöne seinen Wert in sich habe, wo doch das Wort ‚Wert' vom Geldwert hergenommen ist. Da will man den schönen Teppich als Wertanlage, Bach als Wert von Kultur, und bleibt auch hier in derselben Qualität, noch in der Ästhetik beim Unguten.

Doch in Jesu Passion: Wer jenen Armen betrachtet, hat beides rein und das eine im andern. Hat die schöne Gabe, die allen Wert preisgibt (den Preis von 300 Denaren) und schenkt. Und gibt zugleich sie einem Armen zu einem guten Zweck. Wenn dies beides an Jesus möglich ist in einem einzigen Tun, so daß das Schöne von Nutzen und das Nötige schön ist: Wie sollten wir nicht fähig sein, dann beides nacheinander zu haben und zu tun, in einem Gottesdienst, Gott zu lieben und den Nächsten? Denn der, den wir nicht allezeit haben können, der macht ja unseren Gottesdienst schön. Wie die Tat der Frau fraglos schön wurde durch Jesu Tod. Und geben auch die Gaben als Werk der Liebe, für die Armen, die wir immer haben, und mit ihnen den Armen unter ihnen, Jesus, allezeit.

Die Jünger haben es so verstanden, daß beiden, der Frau und ihnen, durch Jesu Urteil Gerechtigkeit widerfuhr. Sonst hätten sie die Geschichte nicht als Evangelium, mit diesem zusammen, auf der ganzen Welt gepredigt. Im Gedächtnis blieb die Frau, deren Name ihre Geschichte mit Jesus wurde. Nicht ihr Name machte Geschichte, sondern ihre Geschichte machte ihr einen Namen, so sehr, daß man ihren eigenen Namen vergaß. Und wie Simon hieß der Lepröse, so heißt sie: „Was sie getan hat." Würdest du dir auch einen ruhigen Freundesnamen wünschen, wie diese einen bekamen und tragen, und deine Geschichte haben in Jesu Passion?

Irrweg

oder
Der Verräter

„Bin ich's?"
MARKUS 14,17–21

EINER UNTER EUCH

Am ersten Tag der Matzen aber traten
die Jünger hin und baten um Bescheid.
„Wo sollen wir das Passahlamm dir braten?"

„Der Meister läßt dir sagen: ‚Meine Zeit
ist da!' Das saget einem in der Stadt!"
Und wie befohlen machten sie's bereit.

Zu Tisch am Abend sprach er von Verrat.
Das „Einer unter euch" macht sie betrübt.
Und jeder fragt nach seiner bösen Tat.

Die Hand an seiner Hand hat's schon verübt.
In diese Schüssel hat sie eingetaucht
„Mit mir", so spricht der Herr, der alle liebt

und den Verräter, wie geschrieben, braucht.
Des Menschen lieber Sohn durch einen Menschen!
Wär' nicht geboren, hätte nie gehaucht!

Was soll die Klage Judas anders wünschen?

*

Wer ist Judas? Judas ist der unmögliche Mensch. Ein Mensch also ist Judas, den es nicht geben kann und dennoch gibt. Ach, das ist ein verzweifelt böser Widerspruch, daß es einen Menschen, den es nicht geben kann, wirklich gibt. Deshalb wünscht Jesus dem unmöglichen Menschen, daß es ihn gar nicht erst gäbe. „Es wäre demselben Menschen besser, daß er nie geboren wäre." Das sagt Jesus, der mögliche Mensch, den es in Wirklichkeit gibt. Ist Judas das verkehrte Gegen- und Spiegelbild Jesu?

Judas scheint ganz ein Einzelner zu sein, mit dem kein anderer Mensch zu vergleichen ist. Und wiederum scheint er uns am nächsten und ganz in uns allen zu sein. Ist nicht die Bezeichnung „unmöglicher Mensch" gängige Rede, die du von dir selbst oder anderen hast gebrauchen hören oder gebraucht hast? Wer hat nicht schon einen anderen oder gar sich selber „unmöglich" genannt – und hat nicht weiter nachgedacht darüber, was er hörte und sagte? So können wir Außen- und Innenseiter uns in Judas ein wenig spiegeln, in ihm, der der wirkliche unmögliche Mensch gewesen ist. Ehe wir betrachten, wie Judas der verkehrte Spiegel und Affe Jesu ist, laßt uns Judas in den Kreis der anderen Jünger zurückstellen, damit er nicht ganz allein sei und zuerst in ihnen sich spiegele.

1. *Wie Judas im Kreis der Jünger zu stehen komme, die alle etwas Unmögliches an sich haben*

Das hat noch alle Jünger beschäftigt, hat zu schaffen gemacht damals, heute, daß und wie Jesus der mögliche Mensch in Wirklichkeit sein könne. Voller großer Ideale zu sein und an ihnen festzuhalten in der Realität, die von großen Idealen klein denkt. Festzuhalten an der Möglichkeit gegen allen Widerstand und gegen alle Enttäuschungen, so die Möglichkeit festzuhalten: nicht nur an ihr festzuhalten gegen alle Wirklichkeit, sondern sie, die Möglichkeit, in der Wirklichkeit festzuhalten, weil man all den Widerständen und all den Enttäuschungen nicht erlaubt, die Wirklichkeit zu heißen, sondern so hoch von der Möglichkeit denkt, daß man sie für die einzig mögliche und darum für die wahre Wirklichkeit hält. Das ist wohl leichter gesagt als geglaubt und getan.

Sieh dir die Zebedäussöhne, Jakobus und Johannes, an: die beiden Jünger, die immer doppelt auftreten! Da weiß man schon, da gibt's Aktion! Die Jungs haben viel drauf und heißen deshalb „Donnersöhne“. Von der kommenden Königsherrschaft Gottes sind sie begeistert und so erfüllt, daß sie schon jetzt viel ändern und bessern müssen. Und ihr letzter sehnlichster Wunsch ist: Wenn die Königsherrschaft Gottes da und gegenwärtig sei, dann wollen sie rechts und links von Jesus, dicht neben ihm sitzen. So hoch denken sie von der Möglichkeit! – und kriegen etwas Unmögliches ab!

Als Jesus nämlich von Caesarea Philippi im Norden nach Jerusalem sich wandte, da wollte er im Gebiet der Samaritaner Quartier und Zwischenstation machen (Lukas 9,51 ff.). Aber seine Boten wurden abgewiesen von den Samaritanern, als sie hörten, daß Jesus in das von ihnen ungeliebte orthodoxe Jerusalem reisen wolle. Hier erscheinen einmal die Samaritaner in einem kritischen Licht, und es wird deutlich, daß auch Außenseiter bedenkliche Menschen und keineswegs frei von Vorurteilen sind. Jedenfalls kommen sie so und wir alle heraus, wenn Jesus ins Leiden geht. Über die Ablehnung nun waren Jakobus und Johannes ungehalten und wollten Feuer vom Himmel über das samaritische Dorf fallen lassen. Wer kennte das heute nicht, die umgekippte Möglichkeit, rechts oder links von Jesus: einen Widerstand wegzubomben? Das war nicht geistreich, weshalb Jesus sie fragt: „Wisset ihr nicht, welch *Geistes* Kinder und Söhne ihr seid?“ „Des Menschen Sohn ist nicht gekommen, der Menschen Leben zu verderben, sondern zu erhalten." So bekamen die beiden Jünger, die in das Reich Gottes verliebt gewesen sind, von der schlimmen Unmöglichkeit ab, bekamen sie ab von der allerbesten und rettenden Möglichkeit. Wie leicht werden die Jünger der Tat zu solchen der Untat, wenn sie die beiden Seiten nicht mehr vereinbaren können: die Möglichkeit und die Wirklichkeit, den Frieden und seine Ablehnung. Da wollen sie zur Gewalt greifen und begreifen nicht, daß Jesus der mögliche Mensch in Wirklichkeit bleibt und beides miteinander vereinbaren kann: das Verändern und das Erhalten.

An der Möglichkeit zu Fall kam auch Simon, der gerade den Lobes- und Beinamen Petrus von seinem Herrn erhalten hatte in Caesarea Philippi. Gerade noch Felsen, wurde er wankend!, der Bekenner – wer sonst? – wurde zum Verleugner! Warum wurde er es? Weil er die Möglichkeit des Christus nicht zusammenbekam mit der Wirklichkeit, die Leiden hieß. Da verstand er nicht mehr, daß Jesus die beiden Seiten vereinbaren muß: das Leben verlieren und das Leben gewinnen. „Satan" nannte da Jesus seinen unmöglichen Petrus! Ja, liebe Gemeinde, so weit geht die Entsprechung der unmöglichen Jünger mit Judas. Doch dann scheint das Gemeinsame zwischen ihnen und ihm zu Ende zu sein. Was an Jakobus und Johannes unmöglich gewesen ist, das wurde ja wieder möglich. In der Zeit der Kirche wurden sie Tätige und wurden getauft mit der Taufe, mit der Jesus getauft worden ist (Markus 10,39): Wie Martin Luther King machten sie's gut. Und Simon wurde doch noch ein Petrus, er, der schwache Bekenner, der von seinem Herrn ausersehen war, die Brüder und Schwestern in den Gemeinden vor Ort zu stärken (Lukas 22,32). Und daß Petrus begriffen und umgedacht hatte, das machte die Welt klar und anschaulich dadurch, daß sie ihn mit dem Kopf nach unten gekreuzigt hat. Aber Judas, Judas: Was ist aus ihm geworden? Was ist seine größere Unmöglichkeit, die an seiner Möglichkeit, an seinem Verhältnis zu Jesus herauskam, so sehr, daß er am meisten zu Fall kam? Und für ihn gibt es keinerlei Rettung? Keine glückliche Wiederholung und Fortsetzung? Macht's nie wieder gut? Ist es das letzte Wort: dies, es möchte ihn gar nicht gegeben haben? Ein unmöglicher Wunsch für den unmöglichen verwunschenen Menschen? Judas, der Verlorene – und dennoch ist kein Jünger Jesus so nahe gewesen, wie Judas es war! Und kein Jünger so nahe geblieben: ihm, seinem Herrn und uns, wenn wir die allerälteste Urkunde von Christi Gegenwart und Kirche hersagen: „In der Nacht, da er verraten ward, nahm er das Brot ..." Wenn der Jünger, der ihn verleugnete, sein erster Bekenner gewesen ist; wer muß derjenige Jünger gewesen sein, der ihn verriet? Verriet, wodurch er ihm und uns am nächsten gekommen ist?

2. *Daß Judas Jesu Freund gewesen ist. Weshalb er ihn verraten hat. Wie er sich von ihm hat lösen wollen, aber auf verkehrte Weise ihm alles nachgemacht hat*

Wer verrät, verrät den Freund an den Feind. Und wer viel, ja alles verrät, der muß schon dem sehr nahestehen, den er verrät: muß selber sein nächster Freund sein. So sagt Jesus denn auch zu Judas in Gethsemane (nach dem Matthäusevangelium 26,50): „Mein Freund, warum bist du kommen?" Ja, Judas war Jesu Freund, und weil er sein Freund gewesen ist und Jesus nahegestanden hat, so nah wie kein anderer Jünger, darum konnte er die Unmöglichkeit begehen, als sein Freund sein Feind zu werden: ihn zu verraten.

Was des Judas Beweggrund gewesen sei, seinen großen Freund zu verraten, können wir erraten: aus der Lage nämlich, die alle anderen Jünger mehr oder weniger unmöglich hat aussehen lassen. Das ist die Lage und conditio des möglichen Menschen, der sich anschickte, sich einem höheren Geschick zu unterstellen, das er den Willen Gottes nannte, daran ging, sich seinen Feinden in die Hände zu liefern. Da wurde Judas an Jesu Freundschaft irre, sah sich und alles verraten. Alleine wollte Jesus den Weg gehen, erkannte etwas Höheres an, verriet die Sache, die doch eine gemeinsame Sache war! Der große Freund so klein! Da wollte sich Judas lösen von ihm. Aber wie es in großen ungleichen Freundschaften manchmal der Fall ist, gelang die Emanzipation des Schwächeren nicht. Oder geistlich geredet: Wie soll sich ein Freund und Jünger Jesu je lösen können, wo doch die Lösung die rechte Bindung ist? So mußte Judas auf spiegelbildlich verkehrte Weise seinem Freund alles nachtun, von dem er sich verletzt sah und gewaltsam hatte befreien wollen.

Und das ging so: Vielleicht hast du dich auch schon gefragt, was Judas denn verraten habe, worin sein Verrat bestehe. Jesus hatte öffentlich gepredigt und gelehrt, hat vor aller Augen Menschen geheilt, hat in den Häusern selbst seiner Gegner verkehrt: Was war da geheim? Auch wo Jesus sich aufhalten würde, wenn es Nacht wurde, das wußte man: da auf dem Ölberg zumeist, wo man, getrennt durch das Kidrontal, die nächtliche Stadt mit ihren eigenen Ordnungen sich gegenüber hatte und sah; da im Park oder Garten Gethsemane, wo auch andere Wohnsitzlose die Nächte verbrachten und solche, ‚die nicht sehr verläßlich zuhaus sind in der gedeuteten Welt'.

Was gab es da zu verraten? Verraten ist noch etwas anderes als ein Wissen verraten. Die griechische und die lateinische Sprache sind hier klüger: Verraten ist ein Übergeben und Ausliefern. Denn so gewissenlos ist keine Menschenseele, ist keine Behörde oder politische Instanz, daß sie nicht ihr Gewissen erst losgeworden sein müßte. Da bedarf es eines anderen, der die Tat auf sein Gewissen nimmt, eines Verräters bedarf es da, eines Mittlers. Einen

Sündenbock muß man haben, ein Lamm. So fängt Judas an, es seinem großen Freund auf verkehrte Weise gleichzutun: ihm, der der Mittler ist zwischen Gott und den Menschen (1. Timotheusbrief 2, 5), Gottes Lamm (Johannes 1, 29). War Judas heimtückisch, weil er Jesus durch einen Kuß verraten hat? Wie willst du denn deinen besten Freund verraten anders als durch einen Kuß? Hättest du mit dem Finger auf ihn gezeigt? ‚Das ist er!‘? Verrat reimt sich auf Tat. Soll, wer lügt, so ehrlich sein und sprechen: Leute, alles herhören, jetzt lüge ich!? Nein, er muß unter dem Anschein der Wahrhaftigkeit lügen und muß es tun. Und Judas mußte nicht nur unter dem Anschein, sondern als wirklicher Freund seinen Freund verraten. Für die Außenstehenden war der Kuß das vereinbarte äußerliche Zeichen. Aber für Jesus und Judas war es die Berührung, von der nur sie wußten – und keiner sonst, auch kein anderer Jünger. Die geheime Berührung, die angefangen und sich begeben hatte, als Judas die Hand Jesu berührte in der Schüssel. Nach dem Markusevangelium ist dies ja ein verborgenes Geschehen, das noch bevorsteht. Daß Judas der Verräter sein würde, war eine geheime Sache zwischen Jesus und ihm. Erst im Matthäusevangelium fragt Judas eigens: „Bin ich's?“ (Matthäus 26, 25). Wenn die Erfahrung gewachsen ist und der auferstandene Herr in sein Abschiedsmahl zurückkommt, um so bei seinen Jüngern zu bleiben: dann muß auch nichts verborgen bleiben, auch Judas darf dann offenbar werden. Siehst du, der Verrat, den Judas auf seine Seele nimmt, damit andere ihr Gewissen loswerden, das muß ein wirklicher Verrat gewesen sein: zwischen ihm und seinem Freund allein. Wer sich moralisch über den Judaskuß empört, ist selber nur moralisch und hat leider gar nichts verstanden.

3. Daß Judas der Jünger heißt, „der ihn verriet". Daß er der absolute Jünger ist mit dem notwendigen Relativsatz. Wie er an der Absolutheit scheiterte und gleichwohl in Relation zu Jesus bleibt und ein Platzhalter ist des mehr oder weniger unmöglichen Menschen. Daß wir das Geheimnis zwischen ihm und seinem Freund stehen lassen sollen

Als Judas sah und schmerzlich spürte, daß er's doch nicht auf sein Gewissen nehmen konnte: da wollte er sein Gewissen frei machen durch ein Schuldbekenntnis vor dem Hohen Rat. Da schüttete er alles Geld aus und sein Herz, weil ja wahre Buße außen und innen sein muß. Wie gern wäre er da ein Sünder geworden! Aber die nahmen keinen Sünder an. „Da siehe du zu!" Was ihm blieb: Er hatte übel getan. Da mußte er seine Emanzipation und Nachahmung Jesu zu Ende spielen. Jesus, das Lamm Gottes, das die Sünden der Welt trägt. Judas, das Lamm der Menschen, das die Schuld der Menschen nicht tragen kann. Jesus, der gerichtet und gekreuzigt wird; Judas, der sich verurteilt und erhängt. Jesus, der als der Verlassene an Gott festhält; Judas, der Verzweifelte, der den Tod wählt. Der hat noch jeden genommen. Der Tod ist der größte Affe Gottes: kennt ja auch kein Ansehen der Person.

Judas sollen wir nicht verteufeln und nicht moralisch verdammen. Dafür ist sein Beispiel zu ernst und mahnend. Er ist nicht der Geizige mit dem Beutel, schon gar nicht der rothaarige oder ewige Jude, der unstet durch die Jahrhunderte geistert. Diesen Juden gibt es nicht. Vielmehr sind wir mit den Juden unter dem Unglauben zusammengeschlossen, damit sich Gott aller erbarme: wie der Apostel (Römerbrief 11,32) uns schreibt. Schlechte Zeiten für Antisemiten! Judas ist und bleibt der Jünger, der absolut werden wollte und dennoch in Beziehung zu Jesus bleibt: der Jünger, „der ihn verriet". Das ist sein richtiger, sein evangelischer Name. Er heißt nicht „der Verräter". Denn was er getan hat, das blieb nicht sein Tun.

Beteiligt haben sich alle an dem Verrat, der ein Übergeben und Ausliefern ist. Der Hohe Rat übergab ihn Pilatus, Pilatus dem Herodes, Herodes wieder zurück an Pilatus, der wusch seine Hände in Unschuld, übergab's dem Wasser. Die Schuld kann keiner tragen, so gibt sie sich weiter, macht alle schuldig: damit sie zum Schluß bei dem landet, der sie allein tragen kann.

Das Johannesevangelium schon scheint das Geheimnis des Judas nicht ausgehalten zu haben, bringt ihn mit Geldbeutel und Teufel in Verbindung. Und gleichwohl macht das Johannesevangelium den Schaden wieder gut, indem es den „anderen Jünger" erfindet, der auch ein Jünger ist mit einem notwendigen Relativsatz: „der Jünger, den Jesus lieb hatte". Das ist die johanneische Nachwahl für den fehlenden Jünger, die zeigt, wer Judas von Haus war und sein sollte: der Busenfreund Jesu, der immer auf der gleichen Höhe mit Jesus durch Leben und Sterben geht. Zu Jesu Lebzeiten war ein solcher Freund nicht möglich. Und dennoch mußte die Freundschaft neu erfunden werden, damit Spätere diese Freundschaft mit Jesus neu schließen: jetzt, da Jesus nicht mehr allein sein muß, sondern zurückkommt in das Gemeinschaftsmahl.

Auch Judas bleibt dort, hat seinen bleibenden Jüngerplatz: die Geschichte, die so anfängt: „In der Nacht, da er verraten ward ...", die bleibt. So bleibt der Jünger, „der ihn verriet", ewig in Beziehung zu Jesus, bleibt der Platzhalter für manchen unmöglichen Menschen. Denn wir, die wir weniger unmöglich sind, schließen leicht andere Menschen vom Herrenmahl aus, guten Glaubens vielleicht, wie die Didache, die älteste Kirchenordnung ernsthaft spricht: „Wer rein ist, trete herzu!" Aber solange die allerälteste Rezitation lautet: „In der Nacht, da er verraten ward, nahm er das Brot, dankte und brach's und gab's seinen Jüngern ...", solange ist jeder gemeint und eingeladen, wie unmöglich sich der Eingeladene auch immer vorkommen möge, wie unmöglich er oder sie auch immer in Wirklichkeit wäre!

Das Geheimnis zwischen Jesus und Judas bleibt ein Geheimnis. Lassen wir dies Geheimnis stehen – am Sonntag Trinitatis, wo ein entsprechend hohes Geheimnis, der göttlichen Dreieinigkeit nämlich, steht und verstanden und gelobt wird.

Mittelweg

oder
Der Tobiasdienst

„... doch heimlich aus Furcht ...“
JOHANNES 19,38–42

Es ist still geworden um den Karfreitag, der früher auch der ‚stille Freitag‘ hieß. Die christlichen Bundesbürger sind vor Palmarum aufgebrochen: mit ihren Autocars in die Karwoche, Stop and Go, Stau, Passions-Stationen, Stationswege in Richtung Kamener Kreuz, Frankfurter Kreuz. An den Grenzübergängen – „Könnt ihr nicht eine Stunde mit mir wachen?“ – Wartezeiten, das Fleisch ist willig, aber der Geist ist schwach. Sich die Sonne auf die Haut brennen lassen – „Wenn eure Sünde gleich blutrot ist, soll sie doch schneeweiß werden“ – ein dickeres Fell bekommen – eure Sünde soll „wie Wolle werden“ – gegen alles, was Streß macht – „In der Welt habt ihr Angst“ – etwas unternehmen gegen Niedergeschlagenheit in diesem fleißigen, trüben, niederschlagsreichen Land – „Doch eure Traurigkeit soll in Freude verkehrt werden“. – Doch auch diejenigen, die zu Haus geblieben sind, bleiben zu Hause – „Wie lieblich sind deine Wohnungen, Herr Zebaoth!“ – sonnen sich vor ihren Fernsehgeräten und wollen bloß sitzen in ihren Vorgärten – „Meine Seele verlangt und sehnt sich nach den Vorhöfen des Herrn“ – Leib und Seele sollen zu ihrem Recht kommen gegen zuviel Geist – „mein Leib und Seele freuen sich in dem lebendigen Gott“ – religiöse Erfahrung steht gegen geprägten Glauben, Natur gegen Gottesdienst – „Denn der Vogel hat ein Haus gefunden und die Schwalbe ihr Nest, da sie Junge hekken: deine Altäre, Herr Zebaoth, mein König und mein Gott".

Es ist still geworden und ungut um den Karfreitag, der früher auch der ‚gute' hieß und bis heute noch so heißt im Englischen: Good Friday, der gute Freitag. Was gut war an ihm: Daß sich einer an diesem Tag hat ausschimpfen lassen von allen Menschen – *ecce homo,* welch ein Mensch! – sich hat ausschimpfen lassen für alle Menschen, obwohl er's doch nicht gewesen ist – „Siehe, das ist Gottes Lamm, welches der Welt Sünde trägt!" –, so daß, wer dem glaubt, Gott und Sonne wieder in einem Atemzug nennen darf – „Gott der Herr ist Sonne und Schild" – für Seele und Leib – „der Herr gibt Gnade und Ehre: er wird kein Gutes mangeln lassen den Frommen".

Es ist still geworden um den Karfreitag, und inzwischen sagt man's schon laut, daß dieser Tag verbal überrepräsentiert sei im alten Bekenntnis, das wir Sonntag für Sonntag im Gottesdienst sprechen: „... gelitten unter Pontius Pilatus, gekreuzigt, gestorben und begraben, hinabgestiegen in das Reich des Todes ..." Wort-Wunden für deine Seele, fünf an der Zahl: gelitten, gekreuzigt, gestorben, begraben, hinabgestiegen, Jesu fünf Wundmalen gleich, mit denen du gleichförmig werden darfst, mit deinem Heiland, dein sprechender Mund redend, der sonst nicht wüßte, wie die Schmerzen der Seele benennen: Wie kannst du dann sagen, daß die fünf Wörter dich krank machen? Daß du's nicht am Kopf aushältst – die Dornenkrone?

Wir mit dem Seelenschaden, welcher heißt ‚Der Geist als Widersacher der Seele' (und des Leibes) – laßt uns denn das Wörtlein ‚begraben' bedenken und die Geschichte von Jesu Begräbnis lesen – aus dem Evangelium, das, weil es am meisten Geist, auch am meisten Leib hat: nämlich aus dem Johannesevangelium, Kapitel 19, die Verse 38 bis 42!

*

Darnach bat Pilatum Joseph von Arimathia / der ein Jünger Jesu war / doch heimlich / aus Furcht vor den Juden / daß er möchte abnehmen den Leichnam Jesu. Und Pilatus erlaubete es. Es kam aber auch Nikodemus / der vormals bei der Nacht zu Jesus kommen war / und brachte Myrrhen und Aloen untereinander / bei hundert Pfunden. Da nahmen sie den Leichnam Jesu und bunden ihn in leinen Tücher mit Spezereien / wie die Juden pflegen zu begraben. Es war aber an der Stätte / da er gekreuziget ward / ein Garten / und in dem Garten ein neu Grab / in welchs niemand je gelegt war. Daselbst hin legten sie Jesum / um des Rüsttages willen der Juden / dieweil das Grab nahe war.

*

Nun hört, wie still es an Karfreitag gewesen ist bei seiner Leibesbestattung, weil wir alle verreist waren oder zu Haus gesessen sind: die Frauen und die Jünger alle, bis auf zwei Fernstehende, jüdisch-orthodoxe Leut, leibliche Sympathisanten, welche heißen Nikodemus und Joseph von Arimathia, die den Tobiasdienst verrichtet haben an einem Erschlagenen, um die zehnte Stunde, das ist nachmittags um vier, zwei Stunden vor Beginn des Großen Sabbaths.

I.

„Darnach bat Pilatum Joseph von Arimathia ..." Der Evangelist Markus schreibt: „Und am Abend ... kam Joseph von Arimathia / ein ehrbarer Ratsherr / welcher auch auf das Reich Gottes wartete / der wagts / und ging hinein zu Pilato ..." (Markus 15,42f.). Johann Gerhard, in seiner ‚Erklärung der Historien des Leidens und Sterbens unsers Herrn Christi Jesu' – seinen Pappenheimer Pilatus kennend (denn „gelitten unter Pontius Pilatus" ist doch nicht nur eine Zeitangabe), meint: „Freylich hat er's gewaget, daß er dürffen bey Pilato um Christi Leichnam anhalten", nämlich: „ungeachtet aller Gefahr". Ungeachtet welcher Gefahr? Gesetzt den Fall, ein Mitglied der Kirchenleitung, sagen wir: ein christlicher und wirklicher Geheimer Rat des Berliner Konsistoriums wäre in die Prinz-Albrecht-Straße gegangen und hätte sich die Leiche eines dort zu Tode Gefolterten, eines in Plötzensee Erschossenen ausgebeten, damit er den Menschen in Ehren bestatte – wäre das nicht gefährlich gewesen? Gesetzt den Fall, die Christenheit wäre wie ein Mann aufgestanden, wie eine Frau – und hätte sich angeboten als Totengräberin der Nation: für alle in den Konzentrations- und Vernichtungslagern Erschlagenen, wäre das nicht mehr gewesen als eine ‚missionarische Gelegenheit'?

Was Wunder, daß die beiden ‚geheime Jünger Jesu' genannt werden, weil sie sich gleich zwischen zwei Stühle gesetzt hatten, wie alle tun, die sich zwischen der Institution Kirche und der Institution Staat bewegen, um der Wahrheit und Menschlichkeit willen etwas bewegen müssen, wie Jesus es tat! Dem Ratsmitglied Joseph von Arimathia wirst du das Judesein nicht absprechen, sondern wirst vielmehr deinem christlichen Glauben anhand seines Beispiels die jüdische Wurzel zurückgeben, die nicht zuletzt besteht in der Achtung vor dem göttlichen Recht und des menschlichen Leibes; wirst ihre, der Juden, „Furcht vor den Juden" verstehen lernen als des Glaubens Civilcourage, als deine, des Christen, zu überwindende ‚Furcht vor den Christen', die es ja auch gibt: ekklesiogene Neurosen, sensible Randgruppen der Volkskirche, halb oder ganz Ausgetretene gar – aus Furcht vor zuviel Kirchlichkeit, Christlichkeit. „Ich fürchte mich so vor der Menschen Wort / Sie sprechen alles so deutlich aus (R. M. Rilke)." Aber in der Gefahr, wenn sie gebraucht würden, könnten sie da und parat sein, sind es auch oft, bieten ihre Hilfe an für den Leib, wenn wir, bekennende Christen, im Alltag und im praktischen Tun oft merkwürdig mutlos werden, verreist sind und fehlen.

*

Dazu Johann Gerhard:
„Allhie haben wir zu bedencken die wunderbare Krafft der Gnade Gottes / welche in den Gläubigen wircket. Es hatten vorher die Jünger Christi zur Zeit seines Ministerii sich öffentlich zu ihm bekennet / waren auch ihrem Herrn und Meister immerdar gefolgt. Aber da Christus an sein Leiden und Sterben gehet / fliehen sie von ihme / hinwiederum Joseph und Nicodemus waren bißher heimlich Christi Jünger gewesen / sie fürchteten sich öffentlich zu Christo zu bekennen / aber da ietzo Christus im allerniedrigsten Stand seiner tieffen Ernidrigung am Creutz hänget / und von männiglichen verlassen ist / da finden sich diese beyde / und bestellen Christo das Begräbniß. Daraus müssen wir ja sehen / daß der Anfang / das Zunehmen / und die Beständigkeit des Glaubens nicht in den Kräfften unserer Natur stehet / sondern von der Gnade Gottes herrühret / dieselbe Gnade Gottes ist manchmal in den Schwachen kräfftiger als in den Starcken / 2. Corinth. am 12. Damit wir ja sehen mögen / daß das gantze Werck unsers Glaubens allein in den Händen Gottes stehe / der theilet einem ieglichen sein Maß des Glaubens aus / nach dem er wil / 1. Corinth. 12 Ephes. 4."

Nikodemus und Joseph von Arimathie – zwei Beispiele für Diakonie!

Noch einmal Johann Gerhard:
„Darnach wird gedacht der Curatorum hujus sepulturae, von wem diese Begräbniß bestellet worden. Die Jünger Chri-

sti hatten sich vor Furcht verkrochen / Maria / die Mutter des Herrn / kondte vor grosser Bekümmerniß der Begräbniß sich nicht annehmen ...“

II.

Als ich vor Jahren die Niederlande bereiste und die schönen alten auf- und ausgeräumten Kirchen der Reformierten besuchte, die alle Devotionalien daraus bekanntlich entfernt haben, damit vom ewig reichen Gott des Psalters nicht gesagt werden muß, was nach Tucholsky von den menschlichen Wohnungen gilt: ‚Je ärmer die Leute, desto voller die Zimmer‘: da entdeckte ich doch in einer Kirche ein Bild – hat man es hängen lassen oder wieder dort angebracht? – ein Bild, das in sieben Bildern die sieben Barmherzigkeiten schilderte. Hungrige sieht der Betrachter gespeist werden, danach Dürstende getränkt, Fremde beherbergt, Nackte bekleidet, Kranke besucht, Gefangene besucht und – vergiß die siebente Barmherzigkeit nicht! – sieht Tote bestattet werden. In einer reformierten Kirche ein mittelalterliches Bild, das im Judentum leibhaftig wurzelt! „Wie lieblich sind deine Wohnungen, Herr Zebaoth!“ Und: „In meines Vaters Haus sind viele Wohnungen.“

Von Tobias, dem Vater oder Älteren, wird gesagt, er habe diese sieben Barmherzigkeiten in seinem von Assur bedrängten Volk geübt. Da „ging Tobias täglich zu allen Israeliten und tröstete sie und teilte einem jeglichen mit von seinen Gütern, was er vermochte. Die Hungrigen speiste er, die Nackten kleidete er, die Erschlagenen und Toten begrub er sorglich“ (Tobit 1,19f.). Tobias, auch ein apokrypher, d.h. ein verborgener oder heimlicher Zeuge, ein Jude zwischen den Testamenten! Der König und Richter der Völker wird ihn am Ende der Zeiten bekanntlich zitieren, ich denke: zu Ende zitieren und zu einigen sagen: ‚Ich bin tot gewesen, und ihr habt mich bestattet.‘ Tobias, ein jüdischer Mensch, der es mit dem göttlichen Gesetz, mit Gottes heiliger Thora so ernst nahm, daß er mit Ernst und Heiligkeit desselben Gesetzes, derselben Thora auch in Konflikt geriet! Einmal nämlich hat er vor Müdigkeit, die ihm das Beerdigen Erschlagener gemacht hatte, die Reinheitsvorschriften zu beachten vergessen, die er sonst zu beachten pflegte, wenn er vom Tisch weg sogar auf die Gasse geeilt war, um einen Erschlagenen heimlich ins Haus zu holen: „Und als er die Leiche heimlich versteckt hatte, wusch er sich und aß sein Brot mit Trauern und dachte an das Wort, welches der Herr geredet hatte durch Amos, den Propheten: Eure Feiertage sollen zu Trauertagen werden“ (Tobit 2,4ff.). So waren manche Abende. „Und des Nachts ging er hin und begrub den Toten.“ Wenn die Unreinheit eher von innen als von außen kommt, wie Jesus lehrt, dann war Tobias jedenfalls peinlicher auf die Reinheit seines Thoragläubigen Herzens bedacht gewesen, als er – vor Müdigkeit – die äußere Reinhaltungspflicht für einen Augenblick unbeachtet ließ. Darüber ist er mit Blindheit geschlagen worden. Aber als Tobias junior, sein Sohn, mit Hilfe des starken Engels Raphael seine Sarah zur Frau bekommen hatte, was, wegen der nachgesagten Schwierigkeit derselben in Ehedingen, keine leichte Sache gewesen ist: da bekam Vater Tobias sein Augenlicht wieder über Gottes achter Barmherzigkeit. Seht, ehe die zwei Engel am Grabe Maria Magdalenen fragen: „Weib, was weinest du?“, suchen sie zuvor sich zwei Tobiasse, damit alles seine Reihenfolge und seine Ordnung habe, still und gut werde: zuerst blind vor Tränen und dann sehend!

III.

Du hast Schwierigkeiten, liebe Exegetenseele, mit des Nikodemus mitgebrachter „Myrrhe und Aloe untereinander bei hundert Pfunden“, ein Zentner Leichen-make-up, sagst du, ist das nicht doch ein wenig zuviel Aufwand für den Leib, verdächtig erinnernd an pharaonisches Bestattungsgehabe? Weil ich selbst eine Seele von Mensch bin, dem die leibhafte Sprache ausgeht, will ich, mit deiner Erlaubnis, noch einmal den alten orthodoxen Lutheraner Johann Gerhard zu Wort kommen lassen. In seiner Zeit begann man nämlich seine neutestamentliche Predigt mit einem Vorspann oder Exordium aus dem Alten Testament, weil man meinte, es müsse den hungrigen Predigthörkindern zuerst eine gute Grundlage gegeben werden, wie kluge Mütter an Sonntagen tun, erst Wurstbrot und dann Kuchen. Johann Gerhard beginnt seine Passionsauslegung und -predigt mit einer Erinnerung an 1. Mose 50. Das haben wir heute in der Schriftlesung ihm abgeguckt. Gerhard schreibt:

*

„Im 1. B. Mosis am 50. wird von dem Patriarchen Jacob vermeldet / nachdem er auf seinem Todbette die Füsse zusammen gethan und verschieden / da habe sein Sohn Joseph durch seine Knechte die Ertzte ihn lassen salben / ihm auch ein ehrliches und herrliches Begräbniß ausgerichtet. Hierinnen ist Jacob ein Vorbild unsers Herrn Christi / des rechten Untertreters oder Siegers / derselbe hat am Stamm des Creutzes / welches sein Kreistbette gewesen / seine Füsse seuberlich zusammen gethan / und seinem himmlischen Vater seine Seele übergeben / er ist sanfft und stille verschieden. Nach diesem seinem Abschied ist ihm diese Ehre widerfahren / daß einer von seinen geistlichen Söhnen oder Jüngern / der Joseph von Arimathia sammt Nicodemo ein ehrliches und herrliches Begräbnis ihm

angerichtet / sie kaufften ein rein Leinwand / brachten mit sich Aloes und Myrrhen bey hundert Pfunden / bunden ihn mit leinen Tüchern und mit Specereyen / daß es also mit der Begräbniß Christi ehrlich und herrlich allerdings zugienge."

*

Und natürlich vergißt Johann Gerhard nicht, liebe Seele, das Brautlied aus Psalm 45 zu zitieren:

*

„Deine Kleider sind eitel Myrrhen / Aloes und Kezia / wenn du aus dem helfenbeinen Pallast daher trittest in deiner schönen Pracht."

*

Ja, Christi Todbett und Kreuz sind ein „Kreistbette", wie das Johannesevangelium sagt mit dem Wort des Offenbarers: „Ein Weib, wenn sie gebiert, so hat sie Traurigkeit; denn ihre Stunde ist gekommen. Wenn sie aber das Kind geboren hat, denkt sie nicht mehr an die Angst um der Freude willen, daß der Mensch zur Welt geboren ist" (Johannes 16,21). Vielleicht ist Nikodemus doch keinem ‚johanneischen Mißverständnis' aufgesessen, als er meinte, in der Nacht, als er heimlich zu Jesus gekommen war, es müsse die Geburt von oben zugleich eine solche von unten sein: daß ein Mensch der Wiedergeburt in seiner Mutter Leib und Erde zurückkriechen müsse. Darüber hat er vielleicht 100 Tage nachgedacht und mit seinen Pfunden gewuchert. *Nulla dies sine Aloe!*

So ist dieser Freitag still gewesen und endlich doch gut geworden. Wir gedachten's böse mit ihm zu machen; aber Gott gedachte es gut zu machen (1. Mose 50,20). Als Johannes der Täufer auf Jesus gedeutet hatte mit dem Finger: „Siehe, das ist Gottes Lamm ...", und die ersten

Jünger ihm folgten und ihn fragten: „Rabbi, wo bleibst du?" (Johannes 1,39), da antwortete er: „Kommt und sehet's!" Und der Text geht weiter: „Sie kamen und sahen's und blieben den Tag bei ihm. Es war um die zehnte Stunde." Nachmittags um vier. Die Zeit nennt Jesus im Vorausblick auf sein Begräbnis (meint Abraham Calov und hat recht). So seid ihr ja heute doch zugegen und könnt bleiben, die Nacht über, bis an den Ostermorgen! Kannst zu Hause bleiben oder verreisen mit dem Erzengel Raphael!

*

Gebet (von Johann Gerhard):
„O Herr Jesu Christe / der du um meinetwillen nicht allein gestorben / sondern auch begraben bist / auff daß meine Sünden vor Gott verscharret würden / gib Gnade / daß ich nimmermehr solche Sünden wiederum herfür kratze / sondern verscharret lasse bleiben. Deine heilige Ruhe im Grabe gereiche mir zum Trost / daß einmal meine Seele in Gottes Händen / und mein Leib im Grabe ruhen möge / und daß ich am Jüngsten Tage in die ewige Ruhe eingehe."

Rückweg

oder
Deckel drauf und durchgehen!

„Hast du mich lieb?"
JOHANNES 21,15–19

Ich kannte einen Menschen, der mir erzählte, er habe, wie er ein Kind gewesen, seine Eltern belemmert und gelöchert mit der Frage, ob sie es liebhätten, lieb, wirklich lieb. Und als er älter geworden und selber Elternteil war, da habe er aus dem Mund seines Kindes die nämliche Frage wieder gehört. Und da er die Frage gekannt und verstanden, habe er sie clare et distincte zu beantworten gesucht mit einem starken, vernehmlichen Ja. Und das Kind habe entgegnet: ‚Sag dreimal ja!' So will sich das Leben lieb und annehmlich machen in den Kleinen. Wer fühlend ist und aufgeklärt genug, so daß er seinem Gefühl zum Verstand zu reden erlaubt, wird die Bedürftigkeit heraushören auf seiten des Fragenden und die mitschwingende Angst, es könnte die Liebe verloren sein. Wer aber noch aufgeklärter wurde, dergestalt, daß er die Frage auf sich bezog, der hat in ihr auch das ihn Rettende erkannt und das Glück empfunden, welches nach seiner Liebe gefragt sein heißt.

So laßt uns denn betrachten, wie der vom Tod Erstandene das Leben lieb und annehmlich macht vermittels der dreimal kindlichen Frage: „Hast du mich lieb?" Denn wie der Auferstandene am See Tiberias seine Jünger mit „Kinder" anredet und sie, die fischen im Trüben, fragt: „Habt ihr nichts dazu? (nämlich zum Brot)", so wird er nun Petrus gegenüber selbst zum Kind. Ja, Jesus stellt sich gegen uns wie ein Neu- und Wiedergeborener am Sonntag Quasimodogeniti und zeigt, was die zu trinkende Milch sei in einem kindlichen Geschlecht von Priestern. Wie der 1. Petrusbrief, der ein Oster- und Taufbrief ist, schreibt: „... seid begierig nach der vernünftigen lauteren Milch wie die neugeborenen Kindlein (quasi modo geniti), auf daß ihr durch dieselbe zunehmet zu eurem Heil, wenn anders ihr geschmeckt habt, daß der Herr freundlich ist ... Und bauet auch ihr euch als lebendige Steine zum geistlichen Hause und zur heiligen Priesterschaft ... Ihr aber seid das auserwählte Volk des Eigentums, daß ihr verkündigen sollt die Tugenden des, der euch berufen hat von der Finsternis zu seinem wunderbaren Licht" (1. Petrusbrief 2,2 f.5.9). Ehe uns Christen aus den Heiden diese Belobigungen und Würdenamen Israels zu Kopf steigen, laßt uns ihn, den „lebendigen Stein" (1. Petrus 2,4), zum Lehrer und Vorbild nehmen, damit wir von ihm lernen, was denn *Gottes Liebe* und die Milch der frommen Denkungsart sei. Oder mit anderen Worten: daß wir erfahren, was das heilsame und heilkundige *Schlüsselamt* sei.

1. *Daß und warum Jesus den Petrus zunächst nicht fragt: „Hast du mich lieb?", sondern ihn fragt: „Hast du mich lieber ... ?"*

Wie kann er wollen, daß Simon solle ihn lieber haben als die anderen Jünger, mit denen er gerade das Mahl genommen und erneuert hat, mit ihnen allen, an jenem See Tiberias, wo sich die Jünger von einst wieder sammeln und treffen: der Auferstandene trifft sie hier, um ein paar Dinge zu besprechen, ins Lot zu bringen, die schiefgelaufen sind seit der Flucht Hals über Kopf, in alle Winde Zerstreute treffen sich hier, Rückkehr an den See, wo er die ersten Jünger rief, dahin kehrten sie alle zurück, zum Tatort, fern vom Verbrechen: ob er sie wieder rufe, den

Weg noch einmal gehe mit ihnen, von Galiläa nach Jerusalem, die alte Strecke, die nun hier und überall sein konnte – der Ruf der Jünger war, weiß Gott, dahin; so ist Ostern Ruferneuerung: da fragt er sie alle, aber Petrus fragt er besonders, fragt ihn, ob er ihn *lieber* habe – warum?

Nicht daß Jesus es wollte oder nun will, sondern Petrus hat es immer gewollt, weil seine Liebe so war, die sich nicht beruhigen konnte dabei: liebzuhaben, sondern lieber haben mußte. Nicht daß Petrus sich mit den anderen Jüngern verglichen oder besser hätte sein wollen als sie. Ach, er hätte sich geschämt zu antworten: ‚Ja, Herr, du weißt, daß ich dich lieber habe, als die anderen Jünger dich haben!' Sondern er antwortet einfach: „Du weißt, daß ich dich liebe!" Und dennoch war seine Liebe nicht einfach, sondern schwierig, nicht gleichförmig, sondern schwankend, nicht positiv, sondern eben *komparativ.* Wie eine menschliche Liebe ist, die immer mehr lieben muß, weil sie ihr Maß nicht kennt und darum das Maß verliert. Wie ein Kind unschuldig sagen kann, daß es etwa die Mutti lieber habe als den Vater – und wenn es sich in den Schmuck der Mutter verliebt, den es jetzt nicht haben kann, unschuldig spricht: ‚Gelt, den bekomme ich, wenn du gestorben bist!' Ja, es ist nicht einfach, liebzuhaben, weil man immer lieber haben muß.

Daß Petrus es nicht einfach hatte mit seiner Liebe, das wißt ihr: Ging übers Wasser und sank, sprach das göttliche Geheimnis und Bekenntnis aus in Caesarea Philippi und mußte „Satan" genannt werden, wollte mit seinem Herrn sterben und hat ihn verleugnet. ‚Unser Herz ist unruhig zu dir ...', und unsere Liebe wohnt unter einem Dach mit der Angst, sind bald groß und bald klein, mal kühn und mal feige. So ist es dem Petrus ergangen, dessen Liebe zu Jesus nicht ruhig und positiv hat werden können, sondern voller Gemütsschwankungen war. *Deswegen* fragt ihn Jesus nicht positiv, sondern komparativ, damit das Gespräch mit ihm ja den richtigen Anfang nehme. Er fängt nicht damit an zu sagen, daß es falsch sei, mehr liebhaben zu wollen. Es ist noch niemand, auch kein Komparativ, je gerettet worden dadurch, daß man ihm erklärte, es dürfe ihn nicht geben.

Jesus nimmt den Simon so, wie er ist, nimmt ihn beim Mehrliebhaben und rettet auch den Komparativ. Wie und wodurch tut er das? Wie Jesus den Simon zunächst nicht gefragt hat: „Hast du mich lieb?", sondern ihn gefragt hat: „Hast du mich lieber?", so gibt er ihm nun auch zunächst nicht die Antwort: „Weide meine Schafe!", sondern: „Weide meine *Lämmer!*" Die Lämmer sind ja die kleineren Schafe, die Petrus ruhig *mehr* lieb haben darf. So hat der Auferstandene das Mehrliebhaben gerettet und den Komparativ dazu. Das ist natürlich keine sentimentale, sondern eine sehr kritische Antwort, wenn wir wahrhaben, daß die Lämmer nicht die Niedlichen, sondern die Niedrigen sind: die wirklich Kleineren, die Schwächeren.

Aber Jesus ist wiederum nicht so verkehrt kritisch, wie wir es zuweilen sind, wenn wir sozialkritisch richtig in Fahrt kommen und die Jesus- oder Gottesliebe preisgeben oder die Nächstenliebe, die nötiger sei, gegen sie ausspielen. Seht, der geliebte befreiende Arzt dreht die Liebe von sich weg auf die Lämmer, in denen er sein Kindchengesicht hat. Gottes Lamm. ἀρνίον, Lamm, wird Jesus in der Offenbarung des Johannes dann ständig heißen: in Gemeinden, in denen die Kleineren und Schwächeren die Mehrzahl bilden – angesichts einer sie bedrohenden, liebloser werdenden Kirche und Welt.

Wie nötig wird es jetzt zu wissen, was die Weide sei, die Lämmer und Schafe nötig haben!

2. *Daß und wie Jesus ruhiger fortfährt, nach der Liebe des Petrus zu fragen*

Wenn der Komparativ gerettet worden ist, kann man ihn bekehren zum Positiv und ruhiger fortfahren mit der Frage an den Patienten: „Hast du mich lieb?"

Wer von dem Komparativ auf den Positiv zurückgeht, macht keinen Rückschritt, sondern schreitet voran in der Grammatik der Liebe. Denn mehr haben als lieb kann man nicht, wenn die Liebe klar und einfach geworden ist. Da ist weniger wirklich mehr, was dann auch der allgemeinen Grammatik einleuchten muß. Ist doch bekanntlich eine junge Dame jünger als eine jüngere Dame. So soll der alte Petrus durch Jesu kindliche Frage jung und erwachsen werden in einem, indem er angeleitet wird zu dem zweiten Schritt, den er nun machen darf, von den Lämmern hin zu den *Schafen.*

Gesetzt den Fall, Petrus würde heute noch leben und ein kritischer Kopf geblieben sein, was ich doch annehmen möchte, so würde er vielleicht wie wir die Nase voll haben, von dem altehrwürdigen, mißbrauchten und mißhandelten Bild, das von Hirten und Schafen spricht. Dann würde in seiner Anamnese stehen, daß der Satz „Weide meine Schafe!" ihn nur kränker mache angesichts der daraus erwachsenen Herrschaft der Hirten auf der einen und der Unmündigkeit der Schafe auf der anderen Seite. Dann würde der Auferstandene die Sache folgendermaßen angehen und beheben:

‚Lieber aufgeklärter Schafskopf, der du weder Schaf noch Kopf oder Hirte mehr sein willst, du hast mit aller deiner Kritik ganz recht, aber du kennst die *biblischen Tiere* nicht oder hast vergessen, was der Unterschied ihrer Würde ist im Vergleich zu dem Verruf, den sie im allgemeinen unter den Menschen genießen. Erinnere dich an die Geschichten von Bileams Esel, in der nicht dieser, sondern Bileam der Esel gewesen ist, weil er den Engel des

Herrn nicht gesehen und von einem störrigen Esel hat lernen dürfen, was Widerstand gegen die Obrigkeit heißt. Ochse und Esel kennen ihren Herrn und dessen Krippe (Jesaja 1,3) und stehen – wirklich eine gute Legende! – dann längst im Stall von Bethlehem, ehe die heidnischen Weisen zur Einsicht kamen. Der Prophet Jeremia (8,7) hätte sich gehütet, aus seinem Mitgeschöpf und Bruder Storch einen unaufgeklärten Klapperstorch zu machen, der die kleinen Kinder bringe, sondern er war so erwachsen und kindlich in einem zu sagen, daß der Storch, der seine Zeit und seinen Weg so wundervoll sicher weiß, das Gesetz des Herrn kennt, woraus ja wohl heute folgt, daß ihr Menschen Gottes Gesetz sträflich und unvernünftig verletzt, wenn ihr derlei Tiere unsicher macht und aussterben laßt. Und was nun die johanneischen *Schafe* angeht, so sind diese sehr kluge, ichstarke und mündige Tiere und keineswegs, wie ihr meint, eine blökende Menge von Bäh-Schafen, die willenlos einem menschlichen Herrn und Leithammel folgen. Erkennen sie mich doch an der Stimme und können ihren guten Hirten und Herrn wohl unterscheiden von einem Mietling und Dieb. Meine Schafe können sich an jeder Universität und Akademie sehen lassen, ist ja das Unterscheiden-Können der Inbegriff aller Wissenschaft. Auch könntest du, lieber Simon, damit es dir besser werde, dich daran erinnern, daß Martin Luther mit den johanneischen Schafen die Mündigkeit der Gemeinde begründete gegenüber dem päpstlichen Lehramt: „Daß eine christliche Versammlung oder Gemeinde Recht oder Macht habe, alle Lehre zu urteilen und Lehrer zu berufen, ein- und abzusetzen, Grund und Ursach aus der Schrift. 1523." Und selbst wenn du nun einwendest, daß die Wirklichkeit eine andere sei und wenigstens sehr zurückbleibe hinter meinem Ideal, so gebe ich dir wieder recht, muß aber meinerseits einwenden, daß ich nicht behaupte, *daß* du meine Schafe weidest, sondern daß du's tun *sollst* – und das heißt, daß du sie auf ihre Mündigkeit hin ansehen und ansprechen sollst. Denn Schafe können allerdings durch menschlichen Einfluß verdummen, wenn sie keinen Kopf und Hirten haben. Höre also auf damit, die biblischen Tiernamen mit euren Schimpfnamen zu verwechseln oder zu vertauschen! Das hieße doch wohl Perlen vor die Säue werfen.

So unkritisch und lammfromm liest sich der 23. Psalm ja heute auch nicht mehr, nach dem Reaktorunglück von Tschernobyl: „Er weidet mich auf einer *grünen* Aue und führet mich zum *frischen* Wasser." Laß mal die ‚Aue' weg, die sumpfig und sauer sein kann, und auch nicht im hebräischen Urtext steht, wo vielmehr steht: „Er weidet mich, wo's grün ist." Ich weiß, ihr mögt das Wort „grün" nicht allzusehr, doch frage ich dich, mein Petrus, warum du dein *Amt* bedenklich findest, das darin besteht, *schriftgemäß* zu predigen: auch den weltlichen und politischen Hirten, denen du sagen mußt, was Regieren und Schafeweiden heißt. Wenn die nun sagen, das frische Wasser und das Grün der Wiese sei nicht wörtlich und leibhaftig, sondern übertragen und geistlich zu verstehen, so mußt du erwidern, daß ich mich darauf nicht einlasse, weil einer sonst auch behaupten könnte, ich sei nicht wörtlich und leibhaftig auferstanden. Und sage, daß man ohne den Leib nicht fortfahren kann im Psalm: „Er erquicket meine Seele ..."!' So redend kam der Herr auf die Seele des Petrus zurück.

3. Wie Jesus zum dritten Mal fragt und die Schlüsselfrage stellt: „Hast du mich lieb?"

Da wird Petrus betrübt und sehr traurig, weil ihn sein Herr zum dritten Mal fragt, als ob er ihm mißtraue und nicht glaube, daß er ihn lieb hat. Wo *er* allwissend ist und alle Dinge durchschaut und weiß! Habe ich nicht schon zweimal Ja gesagt? Ach, das Jasagen will gelernt sein im

Leben, das Neinsagen lernt sich viel leichter. Hatte Petrus nicht dreimal „nein“ und „nicht“ gesagt im Hof vor jenem Gerichtsgebäude? Nun soll er dreimal *Ja* sagen dürfen. Jesus sagt nicht: ‚Was soll’s?‘ oder: ‚Vergiß es!‘ oder: ‚Schwamm drüber!‘ Denn ein Schwamm ist kein guter *Deckel*, der saugt sich bald voll mit der alten Scheiße und fängt an zu stinken und zu stänkern. In der Bibel nämlich heißt die *Liebe Gottes* ein Deckel, wie es denn auch im 1. Petrusbrief (4, 8) lautet: „die Liebe deckt der Sünden Menge“.

Daß und wie die Liebe zudeckt, siehst du daran: Jesus stochert nicht in der alten Geschichte von damals herum, rührt das Stinkende nicht auf, rechnet auch nichts vor oder ab. „Die Liebe deckt der Sünden Menge.“ Und dennoch ist die Liebe nicht schlampig, sondern *genau*. Ja, an ihrer Genauigkeit erkennst du überhaupt nur den Stoff, der unter dem Deckel *verwahrt*, doch niemals verschwunden ist. Das dreimalige Nein ist verwahrt unter dem Dekkel der dreimal nachfragenden Liebe. Es ist ein großer Unterschied zwischen eine Sache aufrühren und sie durchgehen! Wenn man einen Deckel hat, kann man die Sache in Ruhe durchgehen, was freilich ein schmerzlicher Vorgang bleibt. Die süße Frage: „Hast du mich lieb?“ ist *bitter* in ihrem dritten Innern und Kern, wie eine Medizin bitter bleibt, mag sie auch auf einem Stück Zucker gereicht werden. Petrus weiß als Leidender gar nicht, wodurch er traurig wird, macht er doch mit Hilfe seines Arztes eine Trauerarbeit durch!

Nun könnte mich jemand fragen, ob ich meine, der Auferstandene habe Sigmund Freud gelesen. Ich würde darauf erwidern: Lieber Mensch, es könnte vielmehr der Fall sein, daß die beiden *demselben* „auserwählten Geschlecht“ und „heiligen Volk“ entstammen, in dem ein gleichsam natürliches Wissen vorhanden ist von dem Priesterdienst der Liebe – mit den zwei *Kategorien:* Deckel drauf und Durchgehen! Da sollten wir es unterlassen, innerlich Hepp! Hepp! zu rufen, und endlich so frei sein, etwas dazuzulernen, um freier zu werden: zu unserem eigenen Nutzen und Dienst.

Ob im Leben eines einzelnen oder im Leben eines ganzen Volkes: mit seiner Schuld muß ein Mensch zu Rande kommen. Wir wollten zwar gern einen Deckel haben, aber durchgehen soll man's nicht. Durchgehen höchstens wie man durch die Räume eines Museums geht, durch ein Nationalmuseum für deutsche Geschichte. Wieviel Räume brauchte man für Verdun, Stalingrad, Dresden und Auschwitz? Einen Seenotrettungskreuzer mit dem schönen Namen ‚Heuss' kann man zur Not ins Museum stellen, obwohl der sich schon ziemlich groß ausnimmt neben dem kleinen Experimentiertisch, an dem Otto Hahn die Spaltung des Atoms gelang. Aber man bedenke die Baukosten, wollte man die Bedeutung dieser Entdekkung dem beschaulichen Betrachter vor Augen führen, indem man in den anstoßenden Räumen aus Pappmaché nachbilden würde – sagen wir – Hiroshima und Nagasaki. Hier erkennst du: Das *Bilderverbot* ist ein Deckel der Liebe. Die Geschichte ist kein Kino. Um sie wirklich durchzugehen, bedarf es des *Wortes* und der wortreichen Wissenschaften. Durch das *Wort* ist Petrus *ins Bild* gesetzt worden, nun auch zum Schluß über sein neues geheiltes Selbst. Wenn Jesus nämlich zum dritten Mal fragt: „Hast du mich lieb?", so verwendet er nicht mehr das Wort für die selbstlose Liebe, das heißt auf griechisch ἀγαπᾶν, sondern das Verb der Freundesliebe, das auf griechisch φιλεῖν heißt. Siehst du: Das ist der *Heilprozeß* in drei Schritten. Zuerst hatte Petrus zuviel Selbst in der selbstlosen Liebe, da mußte er immer mehr liebhaben. Dann wurde er geführt zu der ruhigen selbstlosen Liebe. Schließlich und drittens nun darf er sein Selbst wiederbekommen und Jesus lieben – nicht mehr nur als seinen

Herrn, sondern gleichberechtigt wie ein Freund seinen Freund. Und weil es das Höchste in der Freundesliebe ist, daß man sein Leben läßt für die Freunde (Johannes 15, 13), so kann er nun auch sein altes Versprechen einlösen und für Jesus in den Tod noch gehen. Nicht ablösen muß sich der Patient vom Arzt, sondern wenn er sich gelöst hat, darf er alles *einlösen* und *bleiben.* Das heißt: Petrus darf eins in der Liebe werden – mit sich und dem Geliebten.

Das ist die *höhere* Mündigkeit nach dem Ausgang aus der selbstverschuldeten Unmündigkeit, daß man wieder zum Kind wird im Alter und von diesem Geliebten am Gängelband sich führen läßt, wenn's geht, wohin man nicht will. Simon hat schon ein wenig neidvoll hinübergeschaut zu dem „anderen Jünger", hin zu seinem vollkommenen Doppelgänger: dem Jünger der *fraglosen* Liebe. Wer hat nicht dieses Double nötig? Denn auf Erden wird Petrus eine Frage behalten und wird seine Hände nach oben ausstrecken wie ein Kind und sich anziehen und führen lassen. Auch wer keinen gewaltsamen Tod erleidet, wie Petrus als Märtyrer tat, wird diese Mündigkeit erleben – und sich dann hoffentlich gemerkt haben: den Sonntag Quasimodogeniti.

*

Sag' dreimal Ja!

Das Mahl war vorüber.
ER hat sie gespeist.
Spricht Jesus: „Simon,
Jonassens Sohn,
hast du mich denn lieber,
als diese mich haben?"

Er: „Ja, Herr, du weißt,
wie daß ich dich liebe!"

Vergebung du übe!
Die üb' ich mit dir!
Drum fragt er ihn wieder,
Vergangenheitslieder,
und fragt nach der Liebe
den, der ihn verriet,
dasselbe Lied
Petrus zur Qual
zum dritten Mal,
ob er ihn liebt –
und so ihm vergibt
durch heilsame Pein
aus dem, was geschah:
Der dreimal sprach: „Nein!"
spricht dreimal nun: „Ja!"

So lerne, Simon,
die Absolution
sage und schreibe
am eigenen Leibe!
Damit du durch Leiden
weißt, meine Schafe zu weiden!

Dreimal
ohne Qual
ich dir's einhämmer:
„Weide meine Lämmer!"
Bis du's kannst im Schlafe:
„Weide meine Schafe!"

Bildungsweg

oder
Die zweite Berufung

„... die Fischer aber waren ausgestiegen."
LUKAS 5,1–11

ER LEHRT DAS VOLK

Das Volk, das ihm oblag, tat auf ihm liegen,
das Wort zu hören von dem lieben Gott.
Er stand am See, sah stehn zwei Fischerboote.
Die Netze waschend war'n sie ausgestiegen.

Er stieg in Simons, um ihn herzukriegen.
„Ein wenig von dem Ufer mach' es flott!"
Er lehrt das Volk. Daß Simon werde Bote,
muß er ihn auf der Tiefe noch besiegen.

„Fahrt da hinauf und werft die Netze aus!"
„Die ganze Nacht wir konnten nichts erlangen!
Doch auf dein Wort hin will ich's wieder wagen!"

Zwei Boote können dann den Fang nicht tragen.
„Ich bin ein Sünder, geh von mir hinaus!"
„Fürchte dich nicht! Nun wirst du Menschen fangen."

*

1. Wie Jesus am See stand, vom Volk bedrängt – und wie es immer so war

Das Volk liegt auf ihm, heißt es wörtlich. Warum? Weil das Volk ihm, dem Armenchristus auferlegt ist, das ist sein Christusamt, das er nach Jesaja 61 übernommen hat, um den Armen das Evangelium zu predigen.

Das merkt das Volk. Die alte biblische Zeit ist wieder da. Die Botschaft ist sinnenfällig, sie macht heil: Zerschlagene ... Da laufen sie ihm nach, bringen Kranke auf Tragbahren zu ihm. Hören wollen sie ihn, sehen, riechen, anfassen (Lukas 6, 19). Los macht sich Jesus manchmal vom Volk, doch das wird ihm nachlaufen – um den See herum. Jetzt wollen sie das Wort Gottes hören, das Wort von dem Gott, der den bedrängten Menschen nahe kommt, nahe in diesem Menschen Jesus. Jesus steht am See Genezareth, bei Kapernaum, die „ seine Stadt" heißt, weil dort alles begonnen hat und wieder beginnt. Steht da und sieht.

2. Wie Jesus zwei Schiffe am Strand oder Seeufer stehen sieht – und was er dabei sieht

Es ist immer wichtig, genau hinzusehen, wenn Jesus sieht. Oft fügt die biblische Erzählung ein „Siehe!" ein, damit ja das Sehen gelernt werde. Was sieht Jesus? Er sieht zwei Fischerboote liegen. Neulich haben Archäologen ein solches Boot aus Jesu Zeit ausgegraben. 8 m lang mißt das Boot, das also zu recht ein „Schiff" heißt. Was zu sehen ist, ist keine Idylle ‚Fischerboote am Strand'. Wenn man sieht, wie Jesus sieht, ist ja zu sehen, daß sie leer sind, die zwei Schiffe. Gefangen wurde nichts. Und die Fischer sind ausgestiegen, gerade sind sie ohne Erfolg heimgekehrt. Nun waschen sie ihre Netze. Das ist ein schweres Geschäft, die Netze säubern, schwer schon, wenn man einen guten Fischzug getan hat, schwerer aber, wenn man nichts fing. Der einzige Fang ist Tang.

Aber so weit sind die Leute hier nicht ausgestiegen, daß sie die Netze hinwerfen und davonlaufen. Ja, ein in sich gespanntes Bild ist das, stille Verzweiflung, tun, als wäre nichts geschehen, morgen müssen wir es wieder versuchen ... Das sieht Jesus. Die Boote stehen und er steht. Laßt uns das stehende Bild für einen Augenblick im Auge Jesu festhalten! Aber in das Stehen wird eine Bewegung kommen ...

3. Wie Jesus in eines der Schiffe tritt und das Volk lehrt. Wie er die zwei Dinge auf einmal tun muß

Nun sieh, was Jesus tut, nachdem er gesehen hat, gedrängt worden ist, gestanden und die zwei stehenden Boote gesehen hat! Er geht hinunter an den Strand, dorthin, wo die Fischer die Boote ans Land gezogen haben, ehe sie anfingen, ihre Netze in Ordnung zu bringen: die hängen sie auf an Stangen und sind beschäftigt ... Jesus tritt in das eine Schiff, das dem Fischer Simon gehört – und winkt ihm herüber, er solle das Schiff bewegen, ins Wasser, ein Stück, ein kleines Stück vom Land wegführen.

Sieh, so geht Jesus mit Leuten um, die nichts zustande gebracht haben, weshalb vielleicht auch du dastehst und zuschaust – und die Boote stehen auch. Jesus kann den Mann brauchen, bittet ihn um eine Kleinigkeit, um eine Gefälligkeit. Nutzlos ist der Simon noch nicht, er kann etwas.

Simon tut, was von ihm verlangt wird, er überlegt nicht, jedenfalls nicht laut, was das solle: ein Mensch, den man einen Propheten nennt, in einem Boot, in seinem. Er tut es. Sie werden beide gebraucht, er und sein Schiff.

Sieh, das ist das eine von den zwei Dingen, die Jesus auf einmal tut. Und das andere Ding ist, das er im Begriff ist zu tun: „Er lehrt das Volk." Du siehst und hörst richtig: er *lehrt* das Volk. Er meint nicht, daß Volk und Lehre, gemeine Leute vom Land und höhere Wahrheiten – nichts mit einander zu tun haben. Er lehrt sie. Das Wort Gottes und das Volk, die gehören zusammen. Selig seid ihr, die ihr hier weint, denn ihr sollt lachen! sagt er dann zum Beispiel – oder legt ein Gebot aus, das man gut halten kann. Und das Volk fängt vor lauter Freude darüber schon zu lachen an, denn Erkennen macht Spaß, es staunt. Mehr und besser macht es kein Philosoph. Das Volk wird Jesus bis nach Jerusalem begleiten und sogar bei den Streitgesprächen Jesu zuhören. Es ist wahr: Durch Gottes Wort wird ein Volk klüger, ja aufgeklärt.

Jesus lehrt vom Boot aus. Da hat er seine Wasserkanzel und die Wasseroberfläche als Schalldeckel. Wenn er nicht ein wenig Abstand zwischen sich und das Volk legte, würden sie ihn nicht ausreden lassen, sondern ihm die Hände und die Füße küssen – wegen der abküssenswerten Wahrheiten, die er ihnen sagt.

*

Nun hört er auf zu reden, ja Jesus kann aufhören, er redet nicht zu lang.

4. *Wie Jesus auf die Tiefe des Sees hinausfahren muß, um einen Prediger zu gewinnen*

   .... *etc.*

5. *Wie Petrus sich selber einen sündigen Menschen nennt, nachdem er beschenkt worden ist*

   .... *etc.*

6. *Wie Jesus den Simon zum „Menschenfischer" macht, um so gefangen zu nehmen, daß die Netze reißen.*

   .... *etc.*

II.

WEGE
ZU UNS SELBST

Anweg

oder
Von selbst

„... ohne daß er's weiß."
MARKUS 4,26–29

DAS HIMMELREICH

Von ganz allein
wird alles sein.

Ein Mann, der geht
aufs Land und sät,

schläft und steht auf
– das Tag und Nacht.

Das Korn geht auf
und Wachstum macht,

wie er's nicht weiß
und ausgesucht,

macht ihn nicht heiß,
singt einen Psalm,

den Psalm er singt.
Die Erde bringt

von selber Frucht.
Singt einen Psalm.

Zuerst den Halm,
danach die Ähre,

die reife schwere
darauf zuletzt.

Die Sichel wetzt!

*

1. *Daß der liebe Gott in Gleichnissen von sich reden macht, um vor uns Menschenkindern der liebe Gott zu bleiben. „Das Reich Gottes ist so, wie wenn ...“*

Als mein theologischer Lehrer Hermann Diem zu Tübingen in seiner Dogmatikvorlesung auf die Schöpfung zu sprechen kam, erzählte er, wie er vormals im Pfarrgarten gestanden sei mit seinem Töchterchen und dasselbe ihn gefragt habe: „Papa, wer hat die Bäume gemacht?“, und daß er geantwortet habe: „der liebe Gott“. Und wie das Töchterchen ihn einzeln und der Reihe nach weiter ausgefragt habe: „Papa, wer hat die Sonne gemacht?“ und: „den Wind?“ und: „die Blumen?“ und: „die Bienen“? – und daß er jedesmal geantwortet habe: „der liebe Gott!“ Und daß, nachdem es ein weiteres Mal gefragt und wieder die Antwort erhalten hatte: „der liebe Gott“, das Kind schließlich erwidert habe: „Ach, immer der!“

Diese Erwiderung war nun sehr natürlich und klug, so kindlich naiv und zugleich so saugescheit, daß seit Menschengedenken kein besserer Einwand gegen Gott gefunden werden konnte als der aus jenem Pfarr- und Paradiesgarten, welcher lautet: „Ach, immer der!“ Was nützte es dem lieben Gott, daß er lieb war und lieb genannt wurde, wenn seine Liebe als so dicht und all- und übermächtig empfunden wurde von den Menschenkindern, daß sie meinten, sie müßten sich von ihm befreien, um selbst etwas zu sein und zu vermögen?

War der allwissende Gott nicht derjenige, der uns das gottgleiche Wissen und Leben verschwieg und vorenthielt? Wie hätten wir's sogleich verstehen sollen, daß es Gottes zurückhaltende Liebe war und ist, die uns in jenem unschuldigen Garten eine Weile hatte sorglos spielen lassen wollen, ehe er uns gnädig und allmählich, d.h. ohne Fall und Bruch, auf den wahren Unterschied des Wissens und Nichtwissens und auf das Geheimnis des Lebens geführt haben würde, wie er es dann auch noch nach unserem Fall und Bruch getan hat in Jesu Gleichnis! Wird doch Jesus in der Taufe nicht nur Gottes Sohn, sondern „mein lieber Sohn" genannt, weil er Geschichten vom lieben Gott erzählen möge, solche indirekten Geschichten oder Gleichnisse, auf die die Menschenkinder nicht mehr antworten müssen: „Ach, immer der!" Daß keiner komme und sage: Seine Liebe – die hältst du nicht am Kopf aus!

Was für Extreme und Sprünge macht die! Erst das 1. Gebot (5. Mose 5,1.7; 6,4): „Höre, Israel, ich bin der Herr dein Gott, ein Gott, du sollst nicht andere Götter haben neben mir!", was einen ganz schön unten hält! Und zuletzt diese Würdigung und Himmelfahrt (Psalm 110,1): „Setze dich zu meiner Rechten!" Zwischen *Schᵉma* (Höre!) und Scheblimini (Setze dich ...) nahen wir uns, schwankende Gestalten, die Gottes Liebe zu absolut finden. Kaum daß wir das erste Gebot wieder begriffen hatten als Nadelöhr, durch das man gelangen müßte in den Himmel, sind wir so verkehrt, absolut, engstirnig und schmalbrüstig gegenüber der Erde geworden, daß wir mit der Erlaubnis der ausgleichenden Ungerechtigkeit heutzutage nur noch von Religionen reden: wir Kamele. Kaum daß wir meinten verstanden zu haben, daß die biblische Botschaft nicht Mythos ist, haben wir mittels des festzuhaltenden Ärgernisses das gelobte Land mit wegentmythologisiert, sind also wieder falsch absolut, gehirnig und fußkrank geworden. Mit der Erlaubnis der ausgleichenden Ungerechtigkeit sind wir heute falsch relativ und waten durch jeden sich bietenden Mythos. Kaum daß wir gerade eben erst die Schöpfung wieder entdeckten und die Bewahrung der Natur ernst zu nehmen begannen, sind wir mit Prognosen und Appellen der geängsteten Seele so nahegetreten, daß wir sie mit Andachtsbildern überschütten von unversehrten Bäumen und Blüten, Bergen und Bächen, Flüssen und Fluren. Gesetzt, die betrachtende Seele würde die Feld-, Wald- und Wiesen-Frömmigkeit für wirklich nehmen und zu ihrem leiblichen Bruder, das ist der Leib, sprechen: „Komm, Lieberchen, wir wollen dahin reisen und Ferien machen dort für vierzehn Tage oder drei Wochen!“, so würde das Fräulein vom Reisebüro mit den Achseln zucken und sagen:

„Wir haben von unseren Ferienorten zwar viele schön gezinkte Ansichtskarten, aber derlei führen wir leider nicht!“ Da fahren wir doch besser mit Jesu Gleichnis und fahren besser gleich mit ihm. In jene schöne Gegend und Landschaft laßt uns fahren, wo Idealität und Realität ebensowenig auseinanderfallen wie die Arbeitszeit und freie Zeit es tun bei jenem säenden Menschen, den Jesus der betrachtenden Seele samt ihrem Leib uns vor Augen bildet. Auf unsere falschen Absolutheiten und Relativierungen gibt unser Predigttext keinen Sechser und kein Gesimä, sondern fügt beides fein zusammen, das Absolute und das Relative, am Sonntag Sexagesimä.

*

2. *Wie der liebe biblische Gott kein Ach-immer-der-Gott ist, sondern sich bei seinen Menschenkindern dadurch beliebt macht, daß er sich in einem Gleichnis versteckt, um sich von uns suchen und finden zu lassen. Wie er dabei zuerst die Erde, auf der wir leben, und die Alltagswelt uns liebenswert macht, um darin auf sein kommendes Reich der Ferien und der Freiheit zu deuten*

„... wie wenn ein Mensch Samen aufs Land wirft und schläft und steht auf Nacht und Tag; und der Same geht auf und wächst, ohne daß er's weiß."

Wir Menschenkinder wollen wissen, wie auch das Töchterchen hat wissen wollen, als es den Vater fragte: „Wer hat ... gemacht?" Alles wollen wir wissen – und wenn wir die ganze Antwort bekommen, dann ist es uns zuviel und sprechen: „Ach, immer der!" Der Mensch hier in unserem Gleichnis weiß auch, weiß genau und genug, was ihm zu wissen nötig und möglich ist. Er weiß, was er zu tun hat, wenn er aufs Feld geht und sät, wenn er den Rhythmus seiner eigenen Zeit achtet, den Unterschied von Nacht und Tag, den wir so leicht verwischen, wenn wir feiern oder arbeiten. Nicht immer muß dieser Mensch wach sein und wissen, sondern darf auch als Schlafender ein Unwissender sein, darf von jenem Unbewußten der Tiefe leben, das nicht heraufgeholt und ans Licht gebracht werden muß. Was Wunder, daß er dasselbe dem Samenkorn erlaubt, das aufgeht und wächst: „daß er's nicht weiß"! Nicht daß er von dessen Wachstum nichts wüßte! Er weiß sogar viel aus Erfahrung, wie alles sein Nacheinander und seine Ordnung hat dabei: sieht „zuerst den Halm, danach die Ähren, danach den vollen Weizen in den Ähren". Aber sein Wissen und Arbeiten beruhen auf einem positiven Nichtwissen und können deshalb auch ruhen. Es gibt ja Schlafmützen, die immer wach und dabei sein müssen und dadurch gar nichts sehen. Wir Wissenschaftler der Moderne beobachten die Phänomene der

Natur rund um die Uhr und vergessen dabei, daß es ein natürliches Wissen vom Nichtwissen gibt und geben müßte. So halten wir das positive Nichtwissen für ein Unwissen, dem es weiter beizukommen gelte, für eine Wissenslücke, die immer kleiner gemacht werden müsse. So wird aus der belehrten Unwissenheit oder docta ignorantia ein ignoranter Doktor. Auch der liebe Gott wird dann zum Lückenbüßer, dem mit Zeit und Geld wohl abzuhelfen wäre.

Hat sich der liebe biblische Gott nicht sehr liebenswert und nutzbringend für uns Menschenkinder versteckt, daß wir ihn suchen und finden sollen im Nichtwissen um ein aufgehendes Samenkorn und im Staunen über die von selbst hervorbringende Erde? Werden wir auch zum Samenkorn sagen: „Ach, immer das!“ und zur Erde: „Ach, immer die!“? Oder werden wir nicht hier im kleinen das Geheimnis und die zuvorkommende Gnade um unsert- und so auch um Gottes willen anerkennen – durch Glückserfahrung belehrt? Denn wer wollte ohne Geheimnis leben? Wer wollte wirklich alles selbst gemacht haben, anstatt die Erfahrung zu machen, daß ihm etwas zuteil werde von selbst, ein Tier oder Mensch auf ihn zugehe, nicht gezwungen oder gelockt, sondern von selbst, von ganz alleine? Seht, so ist der liebe Gott mit seiner Liebe, so voller Umwege und Verstecke, daß Pfarr- und andere Gärten zu wahren Paradiesgärten werden können auf Erden.

Und was die Wissenschaft für lückenloses Wissen hält, das hält die Technik für lückenloses Tun. Die Sprache, die wir sprechen, verrät uns: die Menge macht's! wir „produzieren“ Getreide – und was sonst noch wächst, ob Schwein oder Wein: wir sind die Produzenten unserer Produkte. Diese Dummheit wäre dem törichten Bauern im Gleichnis nie eingefallen, schon gar nicht im Schlaf. Dabei dürfte auch er gewußt haben und wissen, daß man mehr oder weniger Korn säen und anbauen kann. Aber daß man durch die Quantität den Sprung und Aufstieg zum Erzeuger und zum alleinigen Eigner des angebauten Getreides wird, das man zur Hungersnot auch ins Meer schütten kann, das hielte doch unser Gleichnis nicht mehr nur für eine gewaltige Dummheit, sondern für Gewalt und Verbrechen. „Denn die *Erde* bringt von selbst Frucht ..." Sie bringt hervor, pro-duziert. Auch wenn du rund um die Uhr produzierst mit Schichtarbeit und Automaten, es läßt sich nicht leugnen, sagt unser Gleichnis, daß der eigentliche Produzent und wahre Automat allein die Erde ist.

αὐτομάτη ἡ γὴ καρποφορεῖ (automáte hae gae karpophorei: von selbst bringt die Erde Frucht) heißt es im Urtext. Alle Automaten, die wir herstellen, geben nur wieder heraus, was wir in sie hineingesteckt haben. Deswegen können sie auch kaputtgehen und auf den Müll geworfen werden. Aber die Erde gibt uns zuerst und mehr als wir in sie hineintun. Sie gibt uns zu leben und darf bei Strafe unseres Lebens nicht kaputtgehen. Wenn dieser Groschen doch in unser automatisches Gehirn fiele, daß wir für ein paar Pfennige weiser würden!

*

3. und letztens und kürzestens:

Daß es ein alttestamentliches Zeichen und einen Prüfstein gibt für das Kommen des Reiches Gottes, welches Zeichen beim letzten kleinen Propheten am Ende des Alten Testaments, im letzten Kapitel und Vers steht, daß der Tag des Herrn komme, wenn sich das Herz der Väter zu den Kindern bekehre und das Herz der Kinder zu ihren Vätern (Maleachi 3, 24). Daß dieser Vers zur ersten Hälfte dem Täufer in die Wiege gelegt wurde (Lukas 1, 17), was darauf hindeutet, daß sich die Väter zuerst bekehren müssen und ihre nachfragenden Töchterchen und aufbegehrenden Studenten nicht abspeisen sollen mit einer Antwort geradezu, sondern mit schönen ernsten Geschichten vom lieben Gott. Daß sich aber auch die Herzen der Kinder zu ihren Vätern und Müttern bekehren dürfen in Freiheit, wie der alte Kindskopf Heinrich Heine getan hat, als er schrieb in einer Zeit der Restauration und Wende: daß er seine Einsprüche gegen den absoluten Gott der Bibel nicht länger aufrecht erhalte. Und schrieb:

„Ja, ich bin zurückgekehrt zu Gott, wie der verlorene Sohn, nachdem ich lange Zeit bei den Hegelianern die Schweine gehütet."

Und:

„Was mich betrifft, so kann ich mich in der Politik keines sonderlichen Fortschritts rühmen; ich verharrte bei denselben demokratischen Prinzipien, denen meine früheste Jugend huldigte, und für die ich seitdem immer flammender erglühte. In der Theologie hingegen muß ich mich des Rückschreitens beschuldigen, indem ich, was ich oben gestanden, zu dem alten Aberglauben, zu einem persönlichen Gotte, zurückkehrte."

*

Wohl dem, der seinem kindlichen Aberglauben dieses kindlich-erwachsene Aber hinzufügte!

Heilsweg

oder Die Gewaltenteilung

„Wenn aber des Menschen Sohn kommen wird ...“
MATTHÄUS 25,31–46

Herr Jesus Christus,
wir sind aus dem Zorngericht genommen worden durch deine Angstwache in Gethsemane und freigesprochen worden durch deinen stellvertretenden Straftod am Kreuz auf Golgatha. Nun dürfen wir offenbar werden vor deinem Richterstuhl am Ende der Tage. Hilf, daß wir uns dann würdig erweisen werden, wenn wir durch dich gefragt und geprüft werden: ob wir mit Taten der Barmherzigkeit deiner großen Barmherzigkeit entsprochen und gedankt haben. Laß uns dann nicht ein zweites Mal ins Gericht kommen, das uns verdammt, dank deines gnädigen Richteramts, mit dem du uns vor Gott vertrittst. Laß alle Zweifel an deiner Wiederkunft gestillt werden und laß alle Spötter verstummen. Du, der du regierst mit dem Vater und dem heiligen Geist, jetzt und von Ewigkeit zu Ewigkeit. Amen.

„Die Gnade unsres Herrn Jesu Christi und die Liebe Gottes und die Gemeinschaft des Heiligen Geistes sei mit euch allen!“ (2. Kor 13, 13)

*

I.

Wißt ihr, daß unser biblischer Gott ein demokratischer Gott ist? Ob eine Regierung demokratisch sei, erkennt ihr daran, daß sie die Gewalten unterscheidet und teilt:
1. die ausführende Gewalt oder Exekutive,
2. die gesetzgebende Gewalt oder Legislative und
3. die richterliche oder jurisdiktionelle Gewalt.
Hört, der allmächtige Gott, der die Welt und das All erschaffen hat, der hat, weil er der liebende Gott ist, der will, daß er von den Menschen wiedergeliebt werde, seine Allmacht unterschieden und geteilt. So hat Gott der Vater sich auf die ausführende Gewalt oder Regierung beschränkt. Und weil zu diesem eingeschränkten Tun unendliche Sorgfalt, doppelte Liebe gehört, damit die Exekutive nicht kalt, mechanisch und sorglos gerate, kommt ihm, Gott Vater, im schönen Kanzelgruß des Apostels Paulus, mit dem ihr gegrüßt worden seid, die Liebe zu. „Die Gnade unsres Herrn Jesu Christi *und die Liebe Gottes* und die Gemeinschaft des heiligen Geistes sei mit euch allen!“ Geteilt hat Gott der Herr seine Gewalt zuerst mit dem Heiligen Geist, durch den er das Gesetz gegeben hat am Berge Sinai, damit wir Menschen untereinander eine frei bejahte und friedvoll geregelte Gemeinschaft hätten. Unterschieden und geteilt hat Gott der Herr diese Gesetzgebung mit dem Heiligen Geist, weil er sich selbst an das Gesetz wie an eine Verfassung gebunden hat. An das Grundgesetz der Zehn Gebote und an dessen Präambel wollte er sich immer halten, der treue, der gesetzestreue Bundesgott: „Ich bin der Herr, dein Gott, du sollst nicht andre Götter haben neben mir!“ Weil also der Heilige Geist für die Gemeinschaft einsteht, für die Gemeinschaft Gottes mit uns und für unsere Gemeinschaft mit Gott und für unsere Gemeinschaft untereinander: darum kommt ihm, dem Heiligen Geist, im schönen Kanzelgruß,

mit dem ihr gegrüßt worden seid als Gottes- und Menschengemeinde: eben die Gemeinschaft zu: „Die Gnade unsres Herrn Jesu Christi und die Liebe Gottes *und die Gemeinschaft des Heiligen Geistes* sei mit euch allen!"

Zum zweiten Mal hat Gott der Herr seine Allmacht unterschieden und geteilt, indem er seine richterliche Hoheit oder Gewalt übergeben und abgetreten hat an seinen geliebten Sohn Jesus Christus. Dadurch trägt Jesus zum Namen den Titel „Herr", weil ihm vom Vater die richterliche Gewalt über uns und alle Menschen übertragen worden ist. Weil man aber einen rechten und gerechten Richter daran erkennen soll, daß er von Begnadigung weiß und Gnade vor Recht ergehen lassen kann, kommt ihm, jedenfalls unserm Herrn Jesus Christus im schönen Kanzelgruß, mit dem ihr gegrüßt worden seid, die Gnade zu: „*Die Gnade unseres Herrn Jesu Christi* und die Liebe Gottes und die Gemeinschaft des Heiligen Geistes sei mit euch allen!"

II.

Soll ich euch nun die Geschichte erzählen, die davon handelt, wie es dazu gekommen ist, daß Gott der Herr die richterliche Gewalt seinem Sohn mitgeteilt hat, welches die wichtigste Gewaltenteilung ist und war, so wichtig, daß der Apostel Paulus sie an die Spitze seines Grußes gestellt: „Die Gnade unsres Herrn Jesu Christ ..."? Das muß euch ja interessieren, zu erfahren, wie der Gott des Bundes sein Bundesgericht unter uns aufgeschlagen und an dessen Spitze einen unabhängigen Richter bestellt hat, der so unabhängig ist, daß er uns vertritt selbst gegen Gott und dessen Anklage. Daß wir in ihm, in Jesus Christus, einen obersten Richter haben, bei dem wir Berufung einlegen dürfen, wenn Menschen uns verurteilt, ja menschliche Gerichte ihr Urteil über uns gesprochen haben. Daß wir in ihm, in Jesus Christus, einen obersten Richter haben, an den wir uns wenden, an den wir appellieren können, wenn uns das eigene Gewissen verklagt.

Ach, laßt mich euch die Geschichte erzählen, die man sich erzählt im Kreis der dreifach gegrüßten Gemeinde, wenn sich das Jahr seinem Ende zuneigt. Es ist die Geschichte von Gott und seinem großen Tag, an dem das Weltgericht tagt, so hell tagt, daß keine Nacht mehr sein wird danach und keine Träne, die nicht abgewischt worden wäre. Es ist die Geschichte, die auf die Kantate paßt „Wachet! betet! betet! wachet!" Und diese Geschichte erzählt man sich so:

1. Wie nun den Menschen das gute Gesetz zum Leben gegeben und erlassen war vom Heiligen Geist, so sollte ihnen auch ihre Übertretung desselben vergeben und erlassen werden von Gott, damit sie wieder frei und froh werden würden für jede neu beginnende Woche. Daher nahm Gott der Herr Wohnung bei den Menschen, indem er sich von ihnen ein Haus bauen ließ, ein Gottes- und Menschenhaus. Da konnte man die versprochene Gemeinschaft erneuern und feiern. Was entgleist und verrenkt war, ließ sich wieder einrenken und richten. Was krumm und kompliziert geworden war im Laufe der Woche, ließ sich wieder schlicht und gerade machen. Ja, ein Einrichten und Schlichten war Gottes Richten. Und so hatte niemand Angst vor Gott, sondern jeder und jede fürchtete und liebte ihn. Und über der Auslegung eines jeden Gebots stand derselbe ernste und freundliche Satz: „Wir sollen Gott fürchten und lieben ..."

Aber eines schönen Tages, der gar nicht schön, sondern grau und häßlich gewesen ist, kam aus unheiterem Himmel die Angst unter die Menschen. Da wurden die Menschen verlegen untereinander, verlegen selbst im Gottesdienst und gegen ihren richtenden Gott. Aus Furcht und Liebe wurde nur Furcht. Und die Furcht, die die Liebe verlor, geriet zur grenzenlosen Angst. Angst machte sich breit, wie Angst sich überall dort ausbreitet, wo die Liebe fehlt und das Zutrauen zu ihr. Niemand traute sich mehr über die Schwelle ins Gottes- und Menschenhaus. Und die Türklinke, die man sonst ansah und drückte, um die Türe zu öffnen, erschien ihnen wie ein vorgeschobener Riegel. Und die Schwellen- und Türklinkenangst machte nicht halt vor dem Gotteshaus, sondern zog ein in alle Wohnungen der Menschen. Kaum daß einer mehr den andern besuchte. Das Volk verlor das Vertrauen zu seiner Regierung. Und die Regierung bekam Angst vor dem Volk. Die Völker bekamen Angst voreinander und rüsteten, häuften Waffen auf Waffen, Berge, die im selben Maße höher und böser wurden, wie das gegenseitige Mißtrauen wuchs. Und weil man sich überall und immer bewachte, brauchte man Schlafmittel, um einzuschlafen, und Drogen, um sich zu betäuben. Denn die Angst hatte die Menschen überwach gemacht und schwach. Wenn sie wirklich ausgeschlafen und wach sein sollten, um eine Verantwortung zu übernehmen, steckten sie den Kopf in den Sand und schliefen sofort ein.

Dabei suchten die Menschen einen Richter, ihre Sehnsucht verriet, daß sie ihn suchten. Im Fernsehen sah man sie, wie vor Gericht unter einer schußsicheren Glasglocke sitzend, um sich befragen und prüfen zu lassen von einem richtenden Showmaster! Wer urteilt über mich so, daß ich sagen kann, was ich kann, gelernt habe und weiß?, daß ich bekomme den großen Preis? Ein neuer Abgott, genannt TED, mußte her zum Ersatz und die Rolle des Volksrichters spielen. Die Meinungsforschungsinstitute hatten Hochkonjunktur, seitdem Gott aufgehört hatte, der Richter zu sein.

Als Gott der Herr dies alles sah, ging es ihm nah. Es schmerzte ihn, daß die Menschen soviel Angst bekommen hatten und soviel unwissende Sehnsucht nach ihm. Da sprach er an einem schönen Sonntag, der wieder schön werden sollte, zu seinem geliebten Sohn: ‚Die Menschen haben Angst bekommen vor mir. Deswegen will ich meine Gewalt noch einmal teilen. Die richterliche Gewalt sollst du haben in Zukunft. Einen großen Gerichtstag, der ein freudiger Gerichtstag sein wird über den ganzen Erdkreis, will ich einrichten und abhalten. Da sollst du, mein geliebter Sohn, Richter sein. Menschensohn sollst du heißen, damit niemand vor dem Gottessohn weiter Angst behalte. Damit mein Haus wieder voll werde, denn ich sehne mich nach den Menschen, ja nach aller Kreatur, nach der Gemeinschaft mit ihr, sehnt sich mein Herz.‘

2. So hatte Gott der Herr als Vater seines Sohnes und aller seiner Geschöpfe geredet. Und der Sohn gehorchte seinem Vater und gehorchte noch mehr, als sein Vater wissen konnte, indem er bei sich sprach: ‚Ich will nicht zuwarten, bis der große Gerichtstag kommt, sondern will zuvor schon hingehen zu den Menschen, will ihnen die Angst zuvor nehmen, daß sie freudig und frei hinzutreten könnten am Ende und sagen dürften, was sie gelernt haben, alle Fragen des Richters beantworten und den Siegespreis erhalten. Inkognito will ich zu ihnen gehen, ich, der geliebte Sohn des liebenden Vaters, in Menschengestalt, damit ich lieber verachtet werde, als daß ich falsche Achtung und Angst errege.‘ Und er ging hin inkognito unter die Menschen und lehrte sie das angstfreie Gebet, das beginnt: ‚Vater unser in dem Himmel ...‘ Auf die Vögel unter dem Himmel wies er sie, damit sie von ihnen lernten, ihre Sorge von der Angst loszumachen, d. h. in Grenzen zu halten durch Vertrauen auf Gott, ihren Schöpfer. Ja, sie, die Menschen, die vom Schöpfer einst gesetzt worden waren über die Tiere, daß sie sollten über sie herrschen, die sollten jetzt von den Tieren lernen, lernen, wie man Barmherzigkeit übe. Erzählte Jesus nicht das Gleichnis, in

dem Hunde dem armen Lazarus die Wunden leckten? Wo keine Barmherzigkeit war vor dem Hause des reichen Mannes, da taten sie sie!

Auch ich sah neulich Hunde ein Gleichnis aufführen von der Barmherzigkeit. Am Nordseestrand ging ich spazieren im Herbst. Da sah ich eine Frau daherkommen mit zwei Hunden, der eine ein Spaniel, der andere ein Riesenschnauzer. Ersterer benahm sich ungezogen, indem er sich anschickte, das Bein zu heben über am Strand abgelegte Regenmäntel und Photoapparate. Du sagst: du könntest den Hund verstehen? Ich sage: ich auch! Er bekam von Frauchen auch nur einen Klaps, eine Andeutung von Klaps. Aber das reichte schon, um das Tier tief beleidigt zu machen. So zart und glänzend das Fell eines Spaniels ist, so zartbesaitet auch seine Seele! Vergebens suchte Frauchen ihn mit sich zu ziehen, indem sie den Spaziergang fortsetzte. Das Tier ließ den schmerzlichen Abstand zwischen sich und der Geliebten nur immer größer werden. Und als Frauchen sich umwandte, um ihn freundlich zu überreden und zu locken, nun wieder gut zu sein und zu kommen; als sie sogar zu ihm zurückging, um ihn zu streicheln, da rückte das beleidigte Tier gar hinter sich und wollte von Trost gar nichts wissen. Da nahm Frauchen den Riesenschnauzer und band denselben mit Hilfe einer Querleine mit dem Spaniel zusammen. Und das hättest du sehen sollen, wie sich der Riesenschnauzer – schwarz war der Kerl – aufs Trösten verstand. Kunststücke machte der vor der Seele von Hund, bald die Schnauze flach auf den Sand legend, bald vor ihm tänzelnd und Sprünge vollführend, bald still werbend mit wedelndem Schwanze, bald melodisch zu bellen anfangend – brachte er schließlich es fertig, daß sein beleidigter Bruder wieder zu laufen anfing, erst langsam beschwerlich, darauf in mittlerem Trab, und schließlich freudig behende.

– Um auf solche Gleichnisse aufmerksam zu machen, die auch noch heute geschehen, lehrte der künftige Richter inkognito. Spielend lehrte er die Menschenkinder, damit sie gerne lernten und liebgewannen Gottes Gesetz. Daß diese Kinder auch dereinst ihre Lektion gelernt haben würden und wirklich könnten, wenn sie gefragt würden vom Richter, der ihr Lehrer zuvor gewesen ist, ob sie's befolgt hätten: denn anders könnten sie die Bilder nicht erraten in den Quadraten B 1–7: die abgemalten sieben Barmherzigkeiten: die zeigen: Hungrige gespeist, Durstige getränkt, Nackte bekleidet, Fremde beherbergt, Kranke, Gefangene besucht – und die Tobiasbarmherzigkeit vergiß nicht: Tote bestattet werden. Vielleicht stockst du bei einem der Bilder und weißt die Bedeutung und Antwort nicht. Dann tritt der Richter mit der Königskrone beiseite und erscheint geschwind wieder mit der Dornenkrone auf und macht den Fürsprecher und stellt dir eine Jokerfrage, indem er dir vielleicht das Bild eines Riesenschnauzers zeigt. Und weil du den schon einmal gemacht hast, kannst du die Antwort sagen.

So lehrte der Menschensohn inkognito und machte Gottes Gerichtstag noch lieber dadurch, daß er in einem Garten alle Angst auf sich nahm. Die allergrößte Angstflatter machte er und blieb dabei wach, als seine besten Freunde den Kopf in den Sand steckten und schliefen. Und als die wieder erwachten, da war die Angst fort. Und man sah die Menschen wieder beten und wachen. Mahnwachen sah man gehalten werden in Kirchen, die voll waren von wachen und verantwortlichen Menschen. Hell wie der Tag wurde die Nacht, erleuchtet von Fürbitte-Lichtern. Zu den Gemeinderatswahlen strömten die Menschen, um ihre Ältesten zu wählen. Als wäre der freudige Land- und Gerichtstag der Welt schon gekommen, so benahmen sich die Menschen. In ihren Häusern und auf den Straßen versammelten und versöhnten sich die Menschen und Tränen durften fließen der Freude, die nicht mehr abgewischt werden mußten. Auf den Mauern standen sie, als hätte es nie eine Trennung gegeben. Die Angst war verschwunden von den Schwellen und Klinken, war wie fortgeblasen zwischen Volk und Regierung, zwischen Ideologien und Völkern, die Waffenberge schmolzen wie Schnee an der Sonne. Waren vorher Anzeigen erstattet worden gegen Unbekannt, so tat man jetzt lauter Verzeihungen und Barmherzigkeiten an Unbekannten, ohne Rücksicht auf Herkunft, Hautfarbe und Weltanschauung. Man glaubte eben, der gnädige Inkognito-Richter wolle den Lehrer in ihnen machen: in den Unbekannten, Namenlosen und Verachteten, wolle in ihnen die Quizfragen vorbereiten, die man gerne beantworten möchte am großen bunten Abend der Welt. Wer wollte da ohne Angst dennoch verlegen und Spielverderber sein?

In den Gottesdiensten fand sich die Gemeinde wieder ein und feierte im voraus diesen großen Tag. Sie hörte die Geschichte von Gottes Gewaltenteilung. Und die restliche Angst ließ sie sich nehmen zur völligen Freude durch die einfallsreichen tröstlichen Kunststücke des Kompositeurs Johann Sebastian Bach: Kunststücke für zartbesaitete Seelen, Melodien, an die kein Riesenschnauzer heranreicht.

*

Und der Friede Gottes, der höher ist als alle Vernunft, bewahre unsre Herzen und Sinne in Christus Jesus. Amen.

Tugendweg

oder
Kleider machen Leute

„Singet dem Herrn in eurem Herzen!“
KOLOSSER 3,12–17

So ziehet nun an, als die Auserwählten Gottes, Heiligen und Geliebten, herzliches Erbarmen, Freundlichkeit, Demut, Sanftmut, Geduld; und vertrage einer den andern und vergebt euch untereinander, so jemand Klage hat wider den andern; gleichwie Christus euch vergeben hat, also auch ihr.

Über alles aber ziehet an die Liebe, die da ist das Band der Vollkommenheit.

Und der Friede Gottes regiere in euren Herzen, zu welchem ihr auch berufen seid in einem *Leibe; und seid dankbar! Lasset das Wort Christi unter euch reichlich wohnen in aller Weisheit; lehret und vermahnet euch selbst mit Psalmen und Lobgesängen und geistlichen lieblichen Liedern und singet dem Herrn in eurem Herzen.*

Und alles, was ihr tut mit Worten oder mit Werken, das tut alles in dem Namen des Herrn Jesus, und danket Gott und dem Vater durch ihn.

*

„Singet dem Herrn in eurem Herzen!“ so fordert uns der Kolosserbrief auf. Singen im Herzen, und dies: ἐν χάριτι (en cháriti), d. h. mit Grazie, also mit Anmut und Würze, schön für Auge, Ohr und Geschmack, wie ein rechtes Dankopfer für Gott sein soll. Wer in und mit dem Herzen singt, singt schön. Wie Paul Gerhardt dichtet: „Du meine Seele, singe, wohlauf und singe schön!“ Darin liege sogar alle Wissenschaft und Weisheit beschlossen, meint der Brief, daß ein Mensch unter Menschen singend lerne, was er zum Leben brauche, und dafür danke und Gott lobe, welches der Gipfel der Weisheit und des Menschen Anmut und Würde sei.

Aber wie soll der homo sapiens et Heidelbergensis den Unterkiefer bewegen und singen, wenn sein Herz „ein trotzig und verzagt Ding“ ist, wie der Prophet Jeremia sagt (17,9)? Ein solches Herz singt nicht, weil es mit sich im unreinen ist. Unser Herz muß rein sein, um Gott zu schauen und zu besingen. Worüber ist das „trotzig und verzagt Ding“, genannt Herz, im unreinen? Es ist mit sich im unreinen. Denn was ist Trotz? Trotz ist falsche Stärke, die ihre Schwachheit nicht wahrhaben will oder kann. Und was ist Verzagtheit? Verzagtheit ist falsche Schwachheit, d.h. Schwäche, die ihr Starksein nicht wahrhaben will oder kann. Meistens ist unser Herz nicht trotzig *oder* verzagt, sondern ist das eine sowohl als das andere und gleichzeitig beides. Ein Herz muß wissen, wie es die beiden Seiten in sich, nämlich stark und schwach zu sein, vereinbart. Denn darauf würde es ankommen, wenn es ginge, daß ein Mensch beides zugleich sein dürfte: stark und schwach sein, welches Können und Wechselspiel ihn glücklich und sein Herz singen machen würde. Aber selbst über das Mißverhältnis soll man nicht bloß reden, sondern gegen das „trotzig und verzagt Ding“ muß man ansingen, damit das Herz in Ordnung und mit sich ins reine komme. Das hat Johann Sebastian Bach gemeint, dessen Kantate wir gehört haben: „Es ist ein trotzig und verzagt Ding um aller Menschen Herze“ (BWV 176).

1. Anprobieren!

Genau dieses arme verkehrte Ding soll ein Herz werden und singen lernen. Neu einkleiden sollen wir uns von Kopf bis Fuß. „So ziehet nun an, als die Auserwählten Gottes, Heiligen und Geliebten, herzliches Erbarmen, Freundlichkeit, Demut, Sanftmut, Langmut!" Ach! ruft der Trotz in unserem Herzen, dies Gewand ist mir zu klein und eng, wie soll ich in die schwache Demut und Sanftmut hineinpassen? O weh! ruft die Verzagtheit, dies Kleid ist mir zu groß und weit, wie soll ich die starke Freundlichkeit und Langmut anlegen? Willst du nicht, liebes Herz, das neue Kleid wenigstens anprobieren, das Gott zuerst getragen und dann für dich ausgewählt hat, damit du beides sein dürftest, wahrhaft stark und wahrhaft schwach? Weswegen die Auserwählten zwei Namen haben, einen Namen der Stärke, das ist: „Heilige" – und einen Namen der Schwachheit, das ist: „Geliebte". Laß uns die Anprobe machen! Ob das Ganze dir paßt und steht, kannst du immer noch sehen!

2. Die Robe: herzliches Erbarmen

Das Gewand selber, das lang fällt von Schulter und Brust über die Knie bis hinab zu den Füßen, ist das herzliche Erbarmen. Im Griechischen steht: σπλάγχνα οἰκτιρμοῦ (splánchna oiktirmû). Das heißt genauer: Eingeweide oder Unterleib des Erbarmens. Gewöhnlich trägt man sein Herz in der Brust. Da oben will man das Mitleid fühlen, aber es kommt nicht herunter und wird vom Bauch nicht gestützt. Oder wenn uns fremdes Elend oder Schuldigsein auf den Magen schlägt, kommt's nicht herauf bis an das Herz. Mit Gottes Herz ist es nicht so, das ist ihm in den Bauch gerutscht. Ein Gedärm-Erbärm ist sein Herz, steigt hinauf in Brust und Kopf und reicht herab bis zum Zehenspitzengefühl. Herzliches Erbarmen.

Nun fragst du, kluges Herz, wie denn Gott einen Bauch

oder Unterleib habe: ob dies eine eigentliche Rede sei, was der Fall nur sein würde, wenn man Gottes Leib auch sehen und anfassen könnte. Die Antwort ist: Im Evangelium geht diese Rede, daß ein Mensch, genannt Jesus von Nazareth, solches Erbarmen gezeigt habe, das in die Eingeweide fährt. Wenn er Arme und Elende sah, heißt es: „Es jammerte ihn." Oder er redete in einem Gleichnis so von Gott, und zwar von dem Richter der Endzeit: daß einem Herrn der Jammer ankam vor seinem hoch verschuldeten zahlunfähigen Knechte – und darauf der Zorn ankam, weil dieser selbe Knecht kein Herz im Leib hatte seinem Mitknecht gegenüber mit der geringen Schuld. Ihm wurde nicht gleichfalls elend, sondern jähzornig wurde er, weil sein Genosse und Bruder nicht zahlen konnte. Ja, keine Sentimentalität ist das herzliche Erbarmen! Dein Kleid war die Robe des Richters!

3. Die Vorderseite: Freundlichkeit und Demut

Die Vorderseite deines Kleids hat einen doppelten Besatz, oben als Bruststück gestickt: Freundlichkeit, unten über die Knie ein verstärkendes Tuch: Demut. Freundlichkeit – griechisch: χρηστότης (chrästótäs) ist eine Tugend der Stärke, die Gott der Schöpfer hat. Wir kennen sie aus dem Psalter, wenn wir bei Tisch sprechen: „Danket dem Herrn, denn er ist freundlich" (Psalm 106, 9). Oder beim Tisch des Herrn: „Schmecket und sehet, wie freundlich der Herr ist" (Psalm 34, 9). Demut nun – auf griechisch ταπεινοφροσύνη (tapeinophrosýnä) – ist eine biblische Tugend der Schwachheit oder Denkungsart der Niedrigkeit. Demut ist heruntergekommene Freundlichkeit. Die blieb nicht an Gottes Brust, sondern kam herunter auf die Knie, wie es in dem Christushymnus heißt: „er erniedrigte sich selbst und ward gehorsam bis zum Tode, ja bis zum Tode am Kreuz". Damit deine Freundlichkeit, die Gott dir anzieht, ins Knie gehen kann; damit du freundlich bleibst in der Brust, wenn du dann kleiner wirst, hat dein Kleid diesen Besatz, zum Brusttuch Freundlichkeit: das Kniestück Demut.

4. Die Rückenseite: Langmut und Sanftmut

War dies die Vorderseite deines Gewands, kommt jetzt die Rückenseite dran, die wieder zwiefach besetzt. Wenn du dich, liebes Herz, im Spiegel Christi rückwärts besehen wolltest! Oben am Rücken siehst du ein strapazierfähiges Tuch, Langmut genannt. Ach, wer diesen Stoff nicht im Rücken hätte, dessen Zorn würde alles zerreißen! Langmut ist eine göttliche Tugend der Stärke, die den richtenden Zorn zurückhält. Langmut ist nämlich die Geduld, die man mit einem anderen hat und haben muß: mit dessen Schwäche, Schuld und Fehlern. Du weißt bereits: Gott, der endzeitliche Richter, hält seinen wohlberechtigten Zorn so in Zaum. Ja, er wählt sogar zum Zorn die Freundlichkeit als Gegenteil, d. h. zum Gegenüber seiner Langmut. Wenn du dich vor dem Spiegel einmal drehen wolltest! Siehst du: So entsprechen sich Brust- und Rükkenteil oben schön. Jetzt summst du schon, mein Herz, und willst anfangen, laut zu singen. Doch warte, es kommt noch schöner! Denn schöner Rücken kann auch entzücken. Kehr dich also von der Freundlichkeit wieder um zur Langmut und betrachte nun deren Länge!

Die fällt lang deinen Rücken hinab und wird samten in der Sanftmut. Langmut ist eine göttliche Tugend der Stärke, Sanftmut ist die dazu gehörende Tugend der Schwachheit. Wenn man sich in der Gewalt hat, wie Gott dies tut in seinem Zorn, dann soll man so weit hinunter und auf die Erde kommen, daß man sich von Gewalttätigkeit für Land und Frieden überhaupt nichts mehr verspricht. „Selig sind die Sanftmütigen, denn sie werden das Erdreich besitzen!“ Langmut ist Engelsgeduld, doch Sanftmut ist Eselsgeduld. Jetzt kannst du singen: „Du

Tochter Zion, freue dich sehr, und du, Tochter Jerusalem, jauchze! Siehe, dein König kommt zu dir, ein Gerechter und ein Helfer, arm, und reitet auf einem Esel und auf einem jungen Füllen der Eselin." „Siehe, dein König kommt zu dir, sanftmütig."

5. Der Gürtel: die Liebe

Und nicht zu vergessen: den Gürtel! das Band, das allen Stoff zusammenhält – und alle, die vor diesem Spiegel stehen und dieses Kleid probieren. „Über alles aber ziehet an die Liebe, die da ist das Band der Vollkommenheit!" Die Liebe, liebes Herz, ist das Band der Vollkommenheit, weil sie alle Tugenden oder Vollkommenheiten der göttlichen Stärke und der göttlichen Schwachheit untereinander verbindet. Das Zeichen dieser Vollkommenheit ist der Kreis, den alle bilden. Wie Perlen auf einer Schnur, die die Liebe ist, reihen sich herzliches Erbarmen, Freundlichkeit, Demut, Sanftmut, Langmut aneinander und schließen sich zu einem Ring zusammen. Was alle gute Stärke und alle gute Schwachheit verbindet, ist das Verbindliche der Liebe. Ehe wir etwas verbindlich machen, hat die Liebe uns bereits verbunden.

6. Das Gütezeichen– Christi Kreuz

Ein Waren- oder Gütezeichen hat dein Gewand auch. Wenn du auf eine Zeile legst oder schreibst

Freundlichkeit Demut

und darunter die beiden Sanftmut Langmut

und verbindest die Herzensvollkommenheiten der Stärke und die der Schwachheit jeweils miteinander, so ergibt sich ein Kreuz oder griechisches CH oder CHI, welcher Buchstabe das Namens- und Gütezeichen deines schön besetzten, herrlich geschmückten Kleids ist. Christi Kreuz. Ohne dasselbe paßten die Stoffe nicht zueinander und das Robengewand könnte nicht ungenäht zugleich oben und unten, Herz und Erbarmen, sein. Vor dem Kreuz geht auf, daß es aus einem Stück gewirkt ist.

Oder anders, mit dem Kolosserbrief, gesagt: Ohne das Kreuz Christi gäbe es den Frieden nicht im Herzen. Trotz und Verzagtheit des Herzens kommen ja nicht von ungefähr, sondern kamen aus dem Unfrieden, der Feindschaft gegen Gott ist. Nun aber heißt es: „der Friede Christi regiere in euren Herzen" und zugleich: „ziehet an die Liebe". Kreuz im Kreis ist das Herz, das mit sich ins reine kam.

7. Ausprobieren!

Sagt dir der Kolosserbrief endlich auch, wie zum Beispiel das herzliche Erbarmen greifbar und leibhaftig werde, wozu dich dein neues Gewand gewandt und fähig macht, wozu die Tugenden taugen? Wie ein Mensch ein Herz im Leib haben muß, so muß der Friede, der nicht nur *ein* Herz, sondern viele Herzen regiert, sichtbar und sinnlich werden „in *einem* Leibe". Wir sollen ausprobieren, daß der Friede Christi in der Gemeinschaft von Menschen leibhaftig wird. Zwei Weisungen umreißen die Weise, wie das herzliche Erbarmen in unserem Verhalten Gestalt gewinnt. Einmal: „Vertrage einer den andern!" Zum andern: „Vergebt euch untereinander, so jemand Klage hat wider den andern; gleichwie Christus euch vergeben hat, also auch ihr!" Grundverhaltensweisen sind das, zu denen ein handelndes Herz allen Mut zusammennehmen muß, alle Stärke und alle Schwachheit. Nämlich einmal: ertragen, d. h. sich und den anderen sein lassen können! Und dann: vergeben, d. h. sich vergeben lassen und dem anderen verzeihen. Genauer: mit sich und dem anderen gnädig verfahren, etwas schenken. Hinnehmen und Hinschenken, damit ist alles umrissen, darin alles umschlossen! Du mußt nicht alles ändern! Du darfst nicht alles lassen, wie es ist!

Wie soll sonst die Klage verstummen, die einer gegen den anderen hat? Oder soll sie ins Herz fallen und es verstummen machen, das trotzig und verzagt Ding, das doch singen soll? Einen annehmen, wie er ist: dazu braucht es Freundlichkeit und Langmut. Einen ändern, zum Guten: dazu braucht es Demut und Sanftmut. Aber nicht erst fordern mußt du es, dir und deinem Nächsten gegenüber, sondern darfst in deinem neuen Habit die ersten Schritte machen, um deine Fähigkeiten auszuprobieren!

8. Singend lernen!

Das ist wohl schwer zu lernen! wendet zum Schluß dein Herz noch ein. Wer soll da wen lehren, wer wen vermahnen, da jeder Mensch genug mit sich zu schaffen haben werde? Singend, ja singend darf alles gelernt und spielend eingeübt werden, durch gemeinsames Singen von Psalmen, Hymnen und geistlichen Liedern. Das sei die Weisheit, sagt uns der Brief! In der Tat. Können nicht singend viele Menschen zugleich und miteinander reden? Können auch zur selben Zeit einen anderen belehren und von wieder anderem belehrt werden, ermutigen und ermutigt werden, ermahnen und ermahnt werden? Ist diese Unterschiedenheit in Einheit nicht die Lebendigkeit, mit der das Wort Christi unter uns „reichlich wohnt", nämlich den einen durch den anderen bereichernd? Keine Herrschaft des einen über den anderen gibt es hier, weil jeder stark sein darf und jeder schwach. Und lieblich ist dieses Wohnen in lebendiger Eintracht auch. Denn die Weisheit ist leibhaftig: singt mit Zwerchfell und Unterleib und steigt wieder hinauf ins reine Herz, wo unser Singen Gott lieblich klingt. „Lasset das Wort Christi unter euch reichlich wohnen in aller Weisheit; lehret und vermahnet euch selbst mit Psalmen und Lobgesängen und geistlichen lieblichen Liedern und singet dem Herrn in eurem Herzen."

Anmut und Würde des Menschen, von Singenden! Liebliche Tugendlehre. Dein Gewand – es steht dir und kleidet dich gut! „Und alles, was ihr tut mit Worten oder mit Werken, das tut alles in dem Namen des Herrn Jesu, und danket Gott und dem Vater durch ihn.“

Glücksweg
oder
Reich und arm zugleich

„*Und da er* eine *köstliche Perle fand* ...“
MATTHÄUS 13,44–46

Such, wer da will, / ein ander Ziel,
die Seligkeit zu finden.
Mein Herz allein / bedacht soll sein,
auf Christum sich zu gründen.
Sein' Wort sind wahr, / sein Werk sind klar;
sein heilger Mund / hat Kraft und Grund,
all Feind zu überwinden.

Such, wer da will, / Nothelfer viel,
die uns doch nichts erworben;
hier ist der Mann, / der helfen kann,
bei dem nie was verdorben.
Uns wird das Heil / durch ihn zuteil;
uns macht gerecht / der treue Knecht,
der für uns ist gestorben.

(Georg Weissel 1590–1635
Evangelisches Kirchengesangbuch, Nr. 249, 1–2)

*

Ob du's glaubst oder nicht, Glückseligkeit hat mit Glück zu tun. Glück, das man nicht von Haus hat, sondern das gefunden sein will. Sein Glück machen, um eine gemachte Frau, ein gemachter Mann zu sein! Die Redewendung deutet auf das ganze Geheimnis des Findens. ‚Sein Glück machen‘. Machen kannst du Glück nicht. Wie anders wäre Glück ein glücklicher Zufall und Fund? Wiederum mußt du dein Glück wohl machen. Wie sonst wäre das Glück dein Glück, das eigens du finden mußt? Machen und gemacht sein: das ist wie finden und gefunden worden sein. Gemacht sein vom Glück, nicht von anderen gemacht, wie wir das Wort heutzutage gebrauchen, sträflich mißbrauchen gegen die alte Klugheit der Sprache.

Laßt uns zunächst (1.) danach fragen, was das Glück sei, und danach (2.), wo und wie man es finde – und uns zu Hilfe nehmen den Lehrer, dessen Worte wahr und dessen Werke klar sind. An den geschätzten Lehrer wollen wir uns halten, der zu uns spricht von einem gefundenen Schatz und einer gefundenen Perle. Von Dingen redet er, mit denen wir unseres Lebens Glück machen sollen.

*

Es ist gleich das Himmelreich einem verborgenen Schatz im Acker, welchen ein Mensch fand und verbarg ihn – und geht hin vor Freuden über denselben und verkauft alles, was er hat, und kauft den Acker.

Wiederum ist gleich das Himmelreich einem Kaufmann, der gute Perlen suchte. Und da er eine *köstliche Perle fand, ging er hin und verkaufte alles, was er hatte, und kaufte sie* (Matthäus 13,44–46).

I.

Laßt uns zunächst das 1. Gleichnis vornehmen und sehen, wie ein Mensch durch einen zufällig gefundenen Schatz auf einen Schlag reich wird, und darauf das 2. Gleichnis betrachten und sehen, wie ein Perlenhändler und -aufkäufer durch eine einzigartige Perle, die er kaufen muß, auf einen Schlag arm wird. Daß sein Glück machen also heißen müsse: reich und arm in einem werden. Daß dies die Glückseligkeit ist.

1. *„Es ist gleich das Himmelreich einem verborgenen Schatz im Acker, welchen ein Mensch fand ..."*

Der findet ihn einfach, ohne daß er gesucht hätte. Wie soll man auch vorsätzlich auf Schatzsuche gehen, wenn man nicht mindestens einen Plan hat, der einem die Lage des Schatzes verrät? Wie der Mensch hier keinen Namen führt und einfach nur „Mensch", d. h. nicht Jim Hawkins oder Long John Silver heißt, so heißt der Fundort auch nicht ‚Schatzinsel' oder ‚Silbersee', sondern schlicht „Akker". Mensch und Acker – damit soll eine Kompaßnadel oder Spürnase etwas anfangen! Bleiben wir detektivisch und sagen uns: Die knappen Angaben zur Person verwischen nicht, sondern zeigen die Richtung und verraten die Spur! Klug jedenfalls ist der Mensch, hängt seinen Fund nicht an die große Glocke! Er vergräbt den Schatz wieder, denn bei ihm hat's geklingelt! Auf juristische Recherchen will ich mich lieber nicht einlassen, ob das Ganze Rechtens gewesen ist. Mit einem Finderlohn wollte er sich nicht begnügen.

Um so mehr werde ich meine Auskünfte über das wenige einholen, das man einen Anhaltspunkt nennen kann: Daß der Mensch nämlich, um den Acker käuflich zu erwerben, alles veräußern mußte, was er besaß. Ich muß jetzt eine Rechnung aufmachen und bitte um Verständnis dafür, daß ich am heiligen Sonntag mit Zahlen, Gewichten und Preisen komme. Wenn ihr wissen wollt, wie der's gemacht hat, sein Glück, müßt ihr genau sein und rechnen. Nicht daß ihr nachher kommt und sagt: ‚Was heißt hier Glück? Der eine hat's, der andre nicht!' Und: ‚Der dümmste Bauer hat die größten Kartoffeln!' Doch dumm ist der Mensch ja nicht, wie gesagt. Und um die Größe seiner Kartoffeln, bzw. um die Menge seiner Gerste geht es in der folgenden Rechnung.

Was kostet ein Acker in Israel? Und wieviel oder wie wenig muß der Mensch verdienen, daß er den Acker *nicht* kaufen kann? Nicht mit barem Geld kaufen kann, was immer noch kaufen heißt. Seit wann heißt kaufen: zuvor seine Sachen verkaufen, gar *alles* verkaufen? Auf der hohen Kante hatte der offenbar nichts. Jetzt geht es los mit der Buchführung, mit der doppelten, über Soll und Haben.

Als Preis für den Acker setze ich an: 17 Schekel. Der Prophet Jeremia bezahlte diesen Preis für den Acker zu Anathoth (Jeremia 32,9). Das sei mir der Richtwert! Die Vergleichbarkeit der unterschiedlichen Zeiten, zwischen Altem und Neuem Testament, ist in etwa gewährleistet dadurch, daß der Töpfers- oder Blutacker für 30 Schekel oder Silberlinge zu haben gewesen ist (Matthäus 27,7–9). 17 Schekel oder Silberlinge besaß der Mensch also nicht.

Was für eine Kaufkraft hatten 17 Schekel? Während einer Belagerung Samarias und der dazu gehörenden Hungersnot, in der sich ein Eselskopf – igitt – auf 80 Schekel belief (2. Könige 6,25), machte der Prophet Elisa überraschend die Heilsankündigung, es würden schon Morgen 2 S^{e}ah Gerste einen (1) Schekel gelten (2. Könige 7,1). Das war offenbar der Kaufpreis in normalen Zeiten. Ein Ritter bei Hof reagierte so: „Und wenn der Herr Fenster am Himmel machte, wie könnte solches geschehen?"

2 S^{e}ah Gerste machen also 1 Schekel. Eine (1) S^{e}ah als Hohlmaß ergibt, wie man berechnet hat (I. Benzinger, Hebräische Archäologie, Tübingen ^{2}1907, 194) für Trockenes 12,148 l. 1 Liter ergibt nach Muttis Meßbecher 550 g Mehl. 2 S^{e}ah Gerste sind demnach 24,296 × 550 g = 13,326 kg Gerste.

Nach dem Gleichnis von den Arbeitern im Weinberg weiß ich, daß der Tageslohn eines Arbeiters 1 Denar ist (Matthäus 20,2). Nun wechselt man 10 römische Denare gegen 3 jüdische Schekel. Der Wechselkurs ist also 100:30 oder umgekehrt 1:3,33. Für 1 Schekel bekomme ich 3,33 Denare. Nun kennen wir ja die Kaufkraft 1 Schekel = 13,326 kg Gerstenmehl. Um herauszufinden, was der Reallohn eines Tagelöhners, der pro Tag 1 Denar verdient, ist, muß ich die 13,326 kg Gerstenmehl durch 3,33 teilen. Das ergibt (fast) genau 4 kg. Und schließlich – deine Geduld wird belohnt! – 17 Schekel, die der Acker kostet, muß ich mit 3,33 malnehmen, um die Arbeitstage zu bekommen, die ein Tagelöhner braucht, um 17 Schekel zu verdienen. Das macht pro Tag und Denar: 17 × 3,33 = 56,61 Tage. Das sind rund, die Sabbath-Tage abgerechnet, 56:6 = 9 Wochen und 2 Tage. Dann haben wir: 4 kg Gerstenmehl Tagesverdienst und 9 Wochen malochen für 17 Schekel.

Wenn der Mensch mit einer 4köpfigen Familie nur 4 Pfund = 2000 g Brot braucht pro Tag, bleibt pro Woche 1 Schekel – nicht übrig, sondern für das Übrige. Er kann sich dafür kaufen: das Fleisch von 1 Schaf für 1 Zehntel Schekel und das Fell dazu für 9 Zehntel Schekel (Vgl. Kulturgeschichte des Alten Orient, hg. v. H. Schmökel, Stuttgart 1961, 400).

Ich folgere und ziehe den Schluß. Der Preis von 17 Schekel für einen Acker ist nicht hoch, im Gegenteil sehr niedrig. Wenn der Mensch in unserem Gleichnis diesen Preis aber nicht bezahlen kann, dann muß er ein Landarbeiter oder Tagelöhner gewesen sein.

(Ich habe übrigens, um nicht völlig fehl zu gehen, die Probe mit der Speisung der 5000 nach Johannes 6 gemacht. 200 Denare stehen zur Verfügung, damit – wie Philippus sagt (Johannes 6,6) – jeder nur „ein wenig nehme“. Das wäre gewesen 200 × 4 kg geteilt durch

5000 = 160 g Gerstenmehl pro Kopf und Magen. Allerhöchstens und den Backpreis nicht einberechnet! Und dies als einziges Abendbrot nach einem langen Tag! Kein Wunder, daß sich der Offenbarer darauf nicht einließ und das Wunder tat!)

Unser Mensch im Gleichnis macht also nicht so nebenher ein gutes Geschäft, das ihn nichts kostete. Ein gefundenes Fressen war sein Fund noch lange nicht. Er muß verkaufen und aufgeben, was er hat, was noch nicht einmal gepfändet werden dürfte: Bude, Bett und Biblia Hebraica. Er tut's. Danach steht er mit Kind und Kegel auf der Straße – und hat einen Schatz im Acker. Das ist seine Geschichte vom plötzlichen Reichwerden ... Als er sich das überlegt hatte, wechselt die Erzählzeit von der Vergangenheit in die Gegenwart. Den Schatz „verbarg" er noch – und dann „geht er hin ..." Die Freude macht ihn behende dazu. Tempuswechsel mit Tempowechsel. Kleiner Mann ganz groß, versehen mit Klugheit und Wagemut! Seine Freude hättest du sehen sollen! Wieso hättest? Im Präsens kommt sie ja zu dir! Wie kommt man in ein solches Gleichnis vom Himmelreich? Was für Voraussetzungen gehören dazu? Brauchst keinen Namen zu haben und kein Geld auf der hohen Kante, sondern mußt bloß „Mensch" heißen, na ja, du weißt schon. Und was du noch nicht weißt, das folgt jetzt.

2. *„Wiederum ist gleich das Himmelreich einem Kaufmann, der gute Perlen suchte ..."*

Von dem weiß man schon mehr, und suchen tut er auch. Ist Kaufmann, sucht schöne Perlen, Perlen von guter Qualität, mit denen er einen schwunghaften Handel betreibt. Es wird ausdrücklich vermerkt, daß er für gute Qualität ist. Ein vielberühmter Marmeladenhersteller mit dem vieltürmigen Markenzeichen hat den Werbespruch auf allen Dosen: ‚Die Auswahl der Früchte bestimmt in erster Linie die Qualität unserer Produkte.' Dieser Satz ist ebenso lächerlich wie allgemeingültig. Er stimmt nämlich immer, gleichgültig, ob nun gute, mittelmäßige oder gar schlechte Früchte ausgewählt worden sind. So töricht redet unser Kaufmann nicht daher. Sein Sinn für gute Qualität läßt ihn suchen. Ständig ist er unterwegs, ein Perlenjäger. Da passierte es. Es passierte, daß er, der Kaufmann ist, Kaufmann mit einer gewissen Leidenschaft wohl, für den aber Perlen doch eine Ware sind und bleiben, auf einmal nicht Kaufmann bleibt, sondern Liebhaber wird, Liebhaber einer einzigen einzigartigen Perle. Er verliebt sich in ein Unikat! Gesucht hatte er die nicht, aber gefunden. Was für ein qualitativer Sprung für einen qualitätsbewußten Kaufmann! So ein Sprung geht nicht spurlos vorbei: an keiner Tasse und an keinem Menschen! Stelle dir einen pflichtbewußten Post- und Schalterbeamten vor, der tagtäglich hunderte von Postwertzeichen verkauft, darunter auch Sondermarken, schöne, von guter Qualität: der würde sich eines schönen Tages verlieben – sagen wir – in die Blaue Mauritius. Die Folgen wären nicht auszudenken! Nun verkauft unser Kaufmann wenigstens seine eigenen Perlen alle und was er sonst noch besitzt. Klein darf sein Besitz nicht sein, wenn er die Perle seines Lebens erwerben will. Ruinieren wird sie ihn auf jeden Fall. Denn verkaufen wird er sie doch nicht mehr! Laßt mich über ihn ein Gedicht machen, weil das Gleichnis Jesu ein Gedicht ja ist. Das kommende Himmelreich macht aus Kaufmannsprosa Poesie.

*

Vom Armwerden

Ein Kaufmann sucht und läßt sich bieten
für Geld die schönen Margariten.

Auf griechisch so die Perlen heißen,
die in der hellen Sonne gleißen

und schimmern in der Dunkelheit.
Die sucht der Kaufmann weit und breit.

Da fand er plötzlich nur die eine:
die einzig schöne, teure, feine.

Ein Exemplar schon mehr als rar.
Ein Unikat die Perle war!

Da hat er sich aus Leidenschaft
in dieses eine Stück vergafft,

ging hin, verkauft den ganzen Haufen,
um diese eine sich zu kaufen!

Und zur Erinnerung setze ich hierher auch das Gedicht vom Reichwerden. Auch Armut wird phantasievoll und fängt an zu dichten, wenn das Himmelreich kommt.

Vom Reichwerden

Ein Gleichnis von dem Himmelreich!
Ein Landarbeiter wurde reich,

als pflügend er das Ackerland
da einen Schatz vergraben fand.

Er hat den Fund erneut verborgen,
macht alles, was er hat, zu Geld,

und kaufte sich den ganzen Morgen,
vor lauter Freude: kauft das Feld!

Sieh, so gehören die beiden Gleichnisse von Schatz und Perle zusammen, wie die beiden Seiten zusammen gehören und die Glückseligkeit ausmachen: das Reich- und das Armwerden.

II.

Doch schließlich fragst du mit vollem Recht, wo und wie man nun Schatz und Perle finde. Ich könnte kurz erwidern: Sei Mensch wie der Mensch und bestelle dein Feld – und du wirst fündig! Tu deine Arbeit, wie der Kaufmann sie tat – und du wirst staunen! Sieh, das Himmelreich ist selber reich und arm in einem, kommt von zwei Seiten zugleich und sich entgegen, kommt vom Himmel und von der Erde her, weshalb unser Lehrer himmlisch-irdische Gleichnisse macht. Aber weil du nicht glauben kannst, daß das Reich Gottes im Alltäglichen kommt, nicht dem trauen willst, daß dein Glück im Tun des Normalen liege, muß ich dir einen weiteren Mut machen dazu, dir, der du sagst, es habe der gewöhnliche Gang der Dinge keine Zukunft mehr, darum müsse ein engagierter, freudig unternehmender, weltverantwortlicher Christenmensch wirklich alles verkaufen und verlassen, um sich allein einzusetzen für Frieden, Gerechtigkeit und Bewahrung der Schöpfung. Das sollst du auch. Aber mach langsam und laß dir sagen: Das Reich Gottes kommt nicht nur von oben und von unten, es kommt auch von vorne und von hinten. Von hinten, d.h. aus dem Alten Bund.

Nimm noch einmal den Propheten Jeremia, als er im Gefängnis saß und Jerusalem davorstand, ganz verwüstet und fort ins Exil zum zweiten Mal geführt zu werden, da erging das Wort an ihn, an ihn, den Propheten, der keine Zukunft mehr sah, was doch etwas heißen will, wenn ein Prophet keine mehr sieht, ergeht das Wort an ihn, er solle einen Acker kaufen! Er, der seinen Leuten nach Babylon geschrieben hatte, sie sollten in der Fremde dem Frieden dienen, indem sie der Stadt Bestes suchen, Gärten anlegen und Kinder haben (Jeremia 29,5 ff.), der muß nun selbst einen Acker kaufen und die Hand an den Pflug legen, damit er nicht zurückschaue in Resignation und Trauer, sondern nach vorne sehe: in Gottes verheißene Zukunft, die gerade in einer gerade gezogenen Furche liegt. Sieh, einmal holt Gott der Herr einen Propheten fort von Rindern und Pflug wie den Amos; und ein anderes Mal holt er ihn hinter den Pflug. Ach, daß du die Doppelbewegung verstündest, die wie Himmel und Erde, wie Reich- und Armwerden ist. Das darf einander nicht widersprechen: sein eigenes Haus bestellen und zugleich das europäische Haus bauen. Nur beides zusammen kann gehen. „Denn so spricht der Herr Zebaoth, der Gott Israels: Noch soll man Häuser, Äcker und Weinberge kaufen in diesem Lande“ (Jeremia 32,15). Schatz und Perle kannst du noch immer finden, sogar in der Kirche, sogar in der Küche (etwa beim Abmessen von Mehl), sogar bei den Kindern, die du hast, wirst du viel Zukunft finden. So kommt das Himmelreich aus der Zukunft von vorne, indem es von hinten kommt: von des Herrn Zebaoth langer Hand. Verkaufe also deine Biblia Hebraica lieber nicht!

Und schließlich kommt die Zukunft viel tiefer von unten her, von der Erde, als du denken magst. Der das Gleichnis erzählt, gehört mit ins Gleichnis als dessen Garantie. Der König des kommenden Reiches bricht sich eine Zacke aus der Krone samt Perle – und wirft sie vor mich hin, der ich eine Äcker durchwühlende Wildsau bin. Hat selbst einen Acker gekauft, für 30 Schekel, das sind

100 römische Denare. Rücklagen hatte er keine. Weil er gar nichts besaß, was er veräußern konnte, mußte er sich verkaufen und verraten lassen. Für einen Sklaven, Knecht oder Magd, löste man 30 Schekel bei Tötung durch einen stößigen Ochsen (2. Mose 21, 32). Jesus, dein schätzenswerter Lehrer, du Ochse, „der treue Knecht, der für uns ist gestorben", ist selbst die Perle und der Schatz, im armen Töpfersacker, das ist ein Acker überall, in dem ein jeder Pilger dieser Erde wohl fündig werden kann, ein weites Feld für deine erfinderische Tätigkeit, und 2 qm Land, in dem du noch findest, wenn du begraben wirst. Perle und Schatz. Siehe, der *dich* findet und erkauft mit seinem teuren Blut, der hat dich zwischendrin für eine kurze Zeit vergraben und verborgen! Da fängst du die Strophen zu singen an im Abendmahl: „Ei meine Perl, du werte Kron" und: „Wie bin ich doch so herzlich froh, daß mein Schatz ist das A und O ... des klopf ich in die Hände" (EKG 48, 2.7). Doch zum Schluß der Predigt singst du mit Israels Rückenwind:

*

„Wohl dem, der einzig schauet / nach Jakobs Gott und Heil!
Wer dem sich anvertrauet, / der hat das beste Teil, /
das höchste Gut erlesen, / den schönsten Schatz geliebt; /
sein Herz und ganzes Wesen / bleibt ewig unbetrübt"
(EKG 197, 2).

Kehrtweg

oder
Geistesgegenwart

Letzte, die werden die Ersten sein ...“
LUKAS 13,30

„Und siehe, es sind Letzte, die werden die Ersten sein, und sind Erste, die werden die Letzten sein.“

*

Laßt mich eine Sommergeschichte erzählen – im November! – und auch zuvor sagen, warum.

1. *Daß Ernst und Freude beim Umdenken oder Tun der Buße zusammengehören und -wirken, so sehr, daß die Freude vorausgehen und dem Ernst die Fackel vorantragen muß.*

Wer in der Zeit des Novembers lebt, der lebt hin und ist gestimmt auf Ernst, Ewigkeit und Ende. In bezug auf die letzten Dinge aber will niemand gern der Erste sein, wenn es darum geht, Ernst zu machen mit seiner Stimmung, die einen verändern müßte. So lullt man sich lieber in seiner Depression, in Weh- und Schwermut ein und bleibt der Letzte. Warum auch sollte ich zu den Ersten gehören, wie ich sie kenne? Da fühle ich mich wärmer und besser, wenn ich nicht Erster werden muß, sondern bleibe, was ich bin, der letzte Mensch und Dreck. Gesetzt den Fall, ein Prediger am Bußtag, der es dahin bringen soll, daß seine Hörer Ernst machen mit ihrer Stimmung; der die Seelen, die sich fallen ließen, heben muß, wollte es dahin bringen dadurch, daß er Stimme und Zeigefinger erhöbe und mit allem rednerischen Ernst beschwörend sagte: ‚Liebe Leute, die Lage war noch nie so ernst!', so würde er bestenfalls, wenn nicht nur Achselzucken ernten, die Lacher gegen sich haben, aber nicht auf seiner Seite die Freude. Die Freude, die angesichts von letzten Dingen sogleich sich meldet und gern die erste werden will. Die Freude, die sich nicht ängstlich gegen den Ernst verhält, sondern sich mit Hilfe des Ernstes versteht, der die Freude davor bewahrt, nur Leichtsinn und Albernheit zu sein; wie umgekehrt sich der Ernst mit Hilfe der Freude versteht, die den Ernst davor bewahrt, in Schwermut zu versinken oder sich zu überheben in Raten, Warnen und Drängen. Die Freude, die am Ernst entspringt als Hurtigkeit und ihm auf den Fuß folgt wie das F dem E im Alphabet. Der Ernst, der die Freude aus dem Effeff kennt, weil er sie im Rücken hat, und so dem Fuß einen Weg bereitet, zu dem die Freude die Leuchte ist. Ja, die Freude kann es nicht lassen voranzugehen, muß Vorfreude sein, wodurch sie dem Ernst einhilft, auch ernst genommen zu werden. Genommen mit Freude. So daß Ernst machen mit letzten Dingen wieder höchste Freude machen hieße. Wie ja die letzten Dinge heißen: Ernte, Ewigkeit und Ende – aber die allerletzten Dinge heißen: Fülle, Ferienzeit und Fest.

Seht, deswegen, wenn Jesus am Ende der Tage ernsthaft redet von der Nähe des Endes und Ernst macht mit dem Kommen des Gottesreichs, dann deutet er auf die freudigsten Dinge der Natur als Zeichen der Zeit: auf Bäume deutet er dann, die Blüten und Blätter bekommen. Dann redet er von der Nähe des Sommers.

*

„Und er sagte ihnen ein Gleichnis: Sehet an den Feigenbaum und alle Bäume: wenn sie jetzt ausschlagen, so sehet ihr's an ihnen und merket, daß jetzt der Sommer nahe ist. Also auch ihr: wenn ihr dies alles sehet angehen, so wisset, daß das Reich Gottes nahe ist" (Lukas 21, 29–31).

*

So laßt mich euch im November, wie versprochen, meine Sommergeschichte erzählen, damit wir sehen, wie's angehet.

2. *Wie ich einmal in den Sommerferien von einer Fasanenhenne und -mutter mit Augen darüber belehrt worden bin, daß Letzte die Ersten sein werden, und daß ich dabei lernte, wie das Kommen des Reiches Gottes mit Umkehr zu tun habe.*

Ich ging auf einer Nordseeinsel an den Dünen so für mich hin und keine Predigt zu hören oder zu halten, das war mein Sinn. Da sah ich eine Fasanenmutter daherkommen mit ihren vier Jungen. Das waren aber keine Jungen, sondern Mädchen. Wie ich später nämlich dazulernte, hat der Fasanenhahn und -vater unterdessen die zwei Jungen oder Hähnchen der insgesamt sechs Kükenkinder besonders ausgeführt. Müssen ja die Jungen unter den Jungen auch besondere Dinge lernen, wie man zum Beispiel die bunten Hälse reckt und blitzschnell wieder versteckt, damit du nicht zur falschen Zeit der Erste wirst, wenn dich der letzte Habicht holt. – Da freute ich mich und dachte um, indem ich in mein Gedächtnisexemplar der „Deutsche(n) Ideologie" von Friedrich Engels und Karl Marx eine kritische Randbemerkung machte zu der Stelle und Behauptung, wonach die Herrschaft der Starken über die Schwachen in der menschlichen Gesellschaft auf der naturwüchsigen Borniertheit der Tiere aufruhe, bei denen bereits der Geschlechtsakt die einzig reelle Arbeitsteilung sei, die Aufzucht aber der Nachkommen dem schwächeren weiblichen Geschlecht zufalle, weil angelastet werde. Dieser Fasanenvater war eine Ausnahme, die die Regel nicht bestätigte, sondern anpickte und ankratzte. Wenn wir darauf einen Hahn alleine gehen und ein Sandbad nehmen sehen, sagt meine Frau zu mir nicht: ‚Sieh dir an den faulen Hund!', sondern spricht: „Diesen Sommer gab es keine Söhne!"

Doch kehren wir zur Mutter Fasan zurück, die uns noch ganz anders erfreuen wird mit ihrem Umdenken! Sahen wir sie nicht daherkommen mit ihren vier Jungen, von denen wir nun wissen, daß es Mädchen sind? Die Kleinen hängen von der Mutter ab und stürmen dennoch voraus, so daß die Mutter zusehen muß, daß sie nicht abgehängt werde. So ist es auch bei Gott, von dem wir abhängen: ist der Idee nach *prima causa*, Erstursache, doch in Wirklichkeit ist Gott *ultima ratio*, letzte Zuflucht – und läuft den Menschen hinterher. Das hat der große Friedrich Schleiermacher leider nur halb begriffen, daß die Letztursache unserer schlechthinnigen Abhängigkeit nur Hand und Fuß hat, wenn sie wirklich Hände hat und Füße. „Den ganzen Tag habe ich meine Hände ausgestreckt nach dem Volk, das sich nichts sagen läßt und widerspricht" (Jesaja 65, 2). Und: „Darum siehe, ich will sie locken und will sie in eine Wüste führen und freundlich mit ihr reden" (Hosea 2, 16). – Das lehrte die Fasanenmutter mich. Ich schrieb es an den Rand der Paragraphen 4 und 5 der „Glaubenslehre". Ja, mit der Dialektik der Sinnlichkeit tun sich die reinen Logiker sehr schwer. Sagte ich nicht, die Henne lief den Küken hinterher? Hinterherlaufen, das hört sich leichter an, als es in Wahrheit ist, wenn es viere sind, von denen drei die Ersten sind und eins partout das Letzte ist.

Drei Junge liefen forsch voran und vorneweg. Wir nennen sie die Starken. Das vierte Junge, das das Tempo seiner Geschwister nicht mithalten konnte, blieb zurück und schaute sich jeden Grashalm von allen Seiten dreimal an. Wie es dir ergehen mag, wenn du auf deiner täglichen Rennstrecke zurückfällst hinter die anderen und, weil du dir den Fuß verknackst hast, stehenbleibst vor einem Schaufenster, um nicht aufzufallen mit deiner Schwäche, Interesse mimst und dabei interessiert wirst, so erging es diesem vierten Hühnchen, das wir getrost das schwache nennen. Ihr an der Universität solltet Verständnis aufbringen für solch letztes Tier, wo doch die Hochschule recht eigentlich der Ort ist für interessierte angeknackst Zurückgebliebene, für euch, die ihr aus einer Schwäche eine solche für Gegenstände entwickelt, was man ja Wissenschaft heißt. Deswegen seid ihr heute hierher gekommen, um zu erfahren, inwiefern alles Denken, wenn es recht interessiert ist, ein Umdenken sei, kein Geradeausdenken auf einer Rennstrecke, sondern ein Um-die-Ecke-Denken.

Darum sieh dir weiter unsere Lehrerin, das Fasanenmütterchen, an! Sieh an, wie es gluckt und macht, daß sie die starken und das schwache unter ihren Kindern fein zusammenhält und -bringt in dem einzigen Gefühl schlechthinniger Abhängigkeit, das in der Wirklichkeit so verschieden, ja gegensätzlich ausfällt. Wie soll sie die Spannung ihrer disparaten Kinderschar länger überbrükken, sie, die sich, das letzte umkreisend, hinten hält, während die anderen, von dem Glücksgefühl ihrer Kraft getragen, von der Freiheit ganz schön Gebrauch machen, ganz sie selbst zu sein. Nicht gehen die ja brav im Sonntagsstaat voraus, damit Erwachsene sie besser im Blick behalten mögen, sondern laufen frei wie aus dem Ei, nicht gepellt, sondern geboren. Sollte sich die Mutter etwa vor sie aufbauen, sich hinstellend die schöne Bewegung stoppen, eine Standpauke ihnen halten, eine Gardinenpredigt, die so öde ist und zum Fenster hinausgeht, daß der gelangweilte Zuhörer seine Zuflucht nimmt nicht zu Gott, sondern zur Gardine, die, wäre sie selbst abgeschmackt, sein brachliegendes Interesse findet? ‚Könnt ihr denn keine Rücksicht nehmen auf das kleine Schwesterchen? Müßt ihr immer nur an euch denken? Und an der Mutter geht es runter!‘ Die Rede könnt ihr selbst verlängern: und so weiter und so fort. – Gesetzt, die forschen Küken würden unfrei werden, würden mit hängenden Flügeln, dem vierten Geschwister gleichauf, einhergehen; würden, unbekannt mit dessen Interesse für Grashalme, allmählich von diesem beherrscht, Aggressionen aufstauen und das Schwesterchen hassen und unbemerkt hacken, so hätten wir ein schönes Bild von unserer häßlichen, verkehrten christlichen Moral, doch keines, das freudig-ernst vom Himmelreich erzählt.

Wie lehrte mich die Glucke Geistesgegenwart! So daß ich staunend stand und doch die Predigt hören mußte, die ich an euch hier weitergebe! ER schrieb das Gleichnis in den Dünensand, der auferstandene Herr und Schöpfungsmittler. Nämlich, wenn wir Festgefahrenen etwas in den Sand gesetzt haben, schreibt er noch immer in den Sand mit seinem Finger: Hindeutendes, Lösendes! Wer umdächte, der würde keinen Stein mehr aufzuheben brauchen gegen einen anderen – und dabei Freiheit atmen mit dem Befreiten, der Erste mit dem Letzten, der nun Erster wurde, anstatt verdrießliche, bedenkliche Gesinnung abzusondern, Moral, die ja zu Recht von keiner Umkehr ohne Sicherheit was weiß, obwohl der große aufgeklärte Philosoph der Praktischen Vernunft aus jenem Ostpreußen Johann Georg Hamanns noch meinte, es müsse geben eine Revolution der Denkungsart. Daß ich dieselbe nicht beweisen kann im voraus, sondern erweisen, also einem andern unterstellen muß: das heißt man Gnade, wodurch man würdig wird der Gnade, derjenige, der sie gewährt, und derjenige, der sie empfängt. Ich rede begeistert von meiner Glucke und muß euch vorkommen wie einer, der schon lacht, bevor er den Witz erzählt hat.

Was waren nun Witz und Geistesgegenwart von jenem Huhn, das uns das Körnchen Wahrheit findet? Nenn's Revolution, nenn's Wende, nenn's Bewußtseinsänderung, nenn's Kehre: Wie du auch seist gesonnen, ob rot, ob schwarz, ob grün, du dürftest vor Neid erblassen – und die ganze FDP dürfte vor Neid erst richtig gelb werden. Wenn nicht die Erkenntnisfreude allen Neid verscheuchte! Das Fasanenmütterchen nämlich, auf die höchste Zerreißprobe gestellt, kehrte die Schlachtreihe um, machte unversehens kehrt hinter dem letzten Küken, indem es sich vor dasselbe setzte, das nun Erstes geworden, indem es seinen Weg ging – und dabei ließ die Mutter die schnellen Läuferinnen herrlich Flügel schwenken spielen. Doppelt beflügelter Flügel der Starken, die nun erst recht zeigen durften, was sie an Schnelligkeit und Kräften drauf hatten! Und auch das kleinste war gut drauf und, ohne es zu merken, äußerst gut im Bild!

Und als ich dies alles gesehen hatte, da hängte sich an das Gesehene jenes Wort, das Jesus, wenn er sich den Mund fusselig geredet hatte, zu sagen pflegte, jenes *ceterum censeo,* das im Gegensatz zu Catos gezeterum dafürhielt, daß man Carthago nicht zerstören müsse, weil es nicht darauf ankomme, Erster oder Zweiter zu sein, sondern daß Letzte die Ersten werden aufgrund der Revolution einer Denkungsart, die mit dem Reich Gottes im Kommen begriffen sei. Letzte werden Erste und Erste Letzte – ein Wort, das seitdem in der Luft liegt und sich bald an diese und bald an jene Geschichte anhängt, was es schon in den Evangelien getan hat.

Doch von dem Erzähler und seinem Sinn für Wirklichkeit mußt du zum Schluß noch ein Weniges mehr wissen.

3. *Wie Jesus, der Erzähler von schönen Umkehrgeschichten, auch darin Geistesgegenwart beweist, daß er, weil er die Gnade unterstellt, ein pessimistischer Optimist oder ein optimistischer Pessimist bleibt, auf daß wir schwierigen Menschen uns und unsere Weltverhältnisse ein wenig verändern lassen vom Kommen des Reiches Gottes*

Vielleicht nun, liebe Leserin und lieber Leser, schön Hühnchen oder Hähnchen, wirst du finden und einwenden, daß meine Sommergeschichte ein wenig zu unernst ausgefallen sei. Daß angesichts der Novemberwirklichkeit, in der wir leben, und zwar das ganze Jahr hindurch, das Gleichnis allzu positiv und optimistisch war. Du hältst mir vor: In deiner Sommernordsee starben ja die Robben hundert-, tausendfach! Ich entgegne: Meine Geschichte ist so positiv, weil sie im Blick auf uns sehr pessimistisch ist. Sie unterstellt die Gnade, obwohl sie weiß, daß wir allein durch Leiden lernen umzudenken, umzukehren, diesen Schwenk zu machen. Sieh dir deine Bundesrepublik an, das schmale Hemd, wie sie verlernen mußte, Krieg zu führen! Erst wenn jenes Landtier Mensch als letztes in der Nahrungskette sein eigenes Robbensterben macht, vielleicht daß dann aus Letzten Erste werden. Erste, deren Umdenken zugleich ein Umkehren wäre. Erst nachdem jene breite schaulustige Öffentlichkeit sich hatte schmal machen müssen in Särgen, erreichte auch den Letzten der Gedanke, daß Kunst- und Tiefflug Irrsinn sind. – Ach, Änderung der Verhältnisse, des Menschen, meiner und von dir – wie verzwickt und schwierig ist das! Unser Abhängigkeitsgefühl zur Mutterglucke ist gestört, wir lenken nicht ein, wenn sie es tut, indem sie selbst die Unabhängigsten und Fernsten mit sich zieht. „Durch Adams Fall ist ganz verderbt ...", so verderbt sind wir, daß dieser realistische Choral im neuen Gesangbuch fehlen soll. Das hat man schon in der Zeit der Aufklärung gemeint, daß so ein Lied von Sünde und Gnade der

Besserungswilligkeit des Menschen nur schade. Schade für die Aufklärung! Doch halten wir ja fest an dem positiven Pessimismus der Gnade, der die Sünder nicht unterschlägt, wie Jesus auch nicht getan hat, der zufrieden war mit einem, der nein sagte und ja tat (Matthäus 21, 28–32); der den schmerzlichen Prozeß des Umdenkens bei anderen – bei uns! – auf sich nahm durch Leiden und Tod; der doch die Glucke war: „... wie oft habe ich deine Kinder versammeln wollen, wie eine Henne versammelt ihre Küchlein unter ihre Flügel" – und fortfahren mußte: „und ihr habt nicht gewollt!" (Matthäus 23, 37).

Was sollen wir am Bußtag, der auch Bettag ist, noch sagen, wenn beten etwas sagen heißt, wo nichts zu sagen bleibt? Was ein gestörtes, ungezogenes, von der Gnade dennoch gezogenes, Menschenküken, eh's der Habicht oder der Teufel holt, allein stammeln kann: „Breit aus die Flügel beide / o Jesu, meine Freude / und nimm dein Küchlein ein ..."

Armenweg

oder
Die biblische Zeit

„Ärgre dich, o Seele, nicht!"
MATTHÄUS 11,2–6

Ärgre dich, o Seele, nicht,
Daß das allerhöchste Licht,
Gottes Glanz und Ebenbild,
Sich in Knechtsgestalt verhüllt.
Ärgre dich, o Seele, nicht.

Bist du, der da kommen soll,
Seelenfreund, auf den wir harrten?
Mein Gemüt ist zweifelsvoll,
Soll ich eines andren warten?
Doch, o Seele, zweifle nicht.
Laß Vernunft dich nicht verstricken,
Deinen Helfer, Jakobs Licht,
Kannst du in der Schrift erblicken.

Die Armen will der Herr umarmen
Mit Gnaden hier und dort!
Er schenket ihnen aus Erbarmen
Den höchsten Schatz, des Lebens Wort.

Laß, Seele, kein Leiden
Von Jesu dich scheiden,
Sei, Seele, getreu.
Dir bleibet die Krone

Aus Gnaden zu Lohne,
Wenn du von Banden des Leibes nun frei.

Darum, ob ich schon dulde
Hie Widerwärtigkeit,
Wie ich auch wohl verschulde,
Kömmt doch die Ewigkeit,
Ist aller Freuden voll,
Dieselb ohn einigs Ende
Dieweil ich Christus kenne,
Mir widerfahren soll.

Johann Sebastian Bach, Kantate (BWV 186 A)

*

Da aber Johannes im Gefängnis die Werke Christi hörte, sandte er seine Jünger und ließ ihm sagen: Bist du, der da kommen soll, oder sollen wir eines andern warten? Jesus antwortete und sprach zu ihnen: Gehet hin und saget Johannes wieder, was ihr höret und sehet: Blinde sehen und Lahme gehen, Aussätzige werden rein und Taube hören, Tote stehen auf und Armen wird das Evangelium gepredigt. Und selig ist, der sich nicht an mir ärgert!

*

1. *Daß und wie Johannes der Täufer aus seinem Gefängnis einen Kassiber oder mündlichen Zettel schmuggelt, dessen geheimen Sinn oder Code man nur mit Hilfe gründlicher Bibelkunde dechiffrieren, d.h. enträtseln und verstehen kann. Daß deshalb in unserer Kantate, Satz 2, ein verschlüsseltes Schlüsselwort ursprünglich gestanden hat, das uns Bibelunkundigen mit „Helfer" schlecht und recht übersetzt worden ist, aber heißt: „Deinen Schilo, Jakobs Licht, / Kannst du in der Schrift erblicken!" Daß wir die biblische Sprache lernen müssen, wenn wir die Wirklichkeit des Advents verstehen und in den Gefängnissen dieser Welt nicht fraglos verstummen wollen.*

Wer je Besuche gemacht hat in einem Gefängnis oder doch aus Bildern weiß, wie es zugeht bei Gesprächen zwischen denen, die von außen kommen, und denen, die von innen warten, der weiß auch, wie Besuchte und Besucher da reden, am Tisch, hinter Glasscheiben, wie die Worte fallen und wechseln zwischen den Getrennten, die in getrennten Welten leben. Da redet man nicht, wie man sonst draußen redet: Viele Worte und wenig Bedeutung; sondern umgekehrt: Wenige Wörter und viel Bedeutung. Nicht wie sonst, in ungelernter Freiheit: Langer Rede kurzer Sinn; sondern: Kurzer Rede langer Sinn. Und der lange Sinn heißt: Wie lange noch? Und: Was soll werden? Worauf noch warten? Und: Wird der Tag kommen? Daß man an den einzelnen und wenigen Wörtern genug hat, das liegt daran, daß es gewählte Wörter sind, die die Redenden an ein gemeinsames früheres Leben erinnern und darum allein von ihnen verstanden werden – Armutsreden mit Lebensfülle, erlaubte Kurz- und Geheimsprache, wie sie auch die Liebenden kennen, Sprache, die unter Freunden und in der Familie gesprochen wird. Die Kommunikationswissenschaftler nennen solche beschränkte Sprache mit einer Bedeutung, die nicht für alle verständlich ist, einen restringierten Code. Nun gibt es einen restringierten Code der Herrschenden, der andere ausschließt. Und es gibt einen Code der Restringierten, der Armen, der Gefangenen, der Leidenden und Unterdrückten: das ist der biblische Code! Der Code, der nicht aus-, sondern der einschließen will alle, die an der Wirklichkeit leiden. Sprache, die will, daß *alle* Liebende werden, und die deshalb aus dem Gefängnis fragt, wie Johannes gefragt hat, nicht ins Leere hinein, sondern einen anderen fragt, der von außen kommt und die arme Rede versteht.

Johannes der Täufer, der gefangen sitzt und fragt, macht nicht viele Worte, sondern wählt die wenigen Wörter, die derjenige, wenn er der *Schilo* ist, verstehen muß. „Bist du der Kommende?" Da muß man in Kopf und Herz ergänzen: ‚der Kommende, *derjenige, welchem* – schi-lo – die Macht, die Friedensherrschaft gehören wird.' Wie ein Bibelkundiger über Juda (1. Mose 49,10f.) liest:

*

Nicht weicht das Zepter von Juda, noch der Herrscherstab zwischen seinen Füßen weg, bis daß der Schilo kommt, *dem gehört der Gehorsam der Völker. An den Weinstock bindet er sein Eselfüllen, an die Edelrebe das Junge seiner Eselin; er wäscht im Wein sein Kleid und im Blut der Trauben sein Gewand; die Augen sind dunkel von Wein und weiß die Zähne von Milch.*

*

Milch und Wein sind die Güter der Heilszeit, des gelobten Landes! „Bist du der Kommende, derjenige, welchem ... (Punkt, Punkt, Punkt)? Die Punkte sind gedacht und vorgeträumt, erinnern an Verheißungen, an die *biblische Zeit.* An eine Zeit also, die einmal schon da war und wieder kommen wird: Zeit des Friedens, der Befreiung, der Fülle, der Freude, der Feier. Erinnerte Zukunft, die nicht trennt, sondern Getrennte verbindet: den, der im Gefängnis ist und wartet, und den, der außen ist und kommt. Besuch im Gefängnis darf der politische Gefangene, darf Johannes von Jesus nicht bekommen. So schmuggelt er mit Hilfe seiner Schüler den mündlichen Kassiber mit den biblischen Code-Wörtern heraus. Die Wörter heißen ‚*kommen*' und ‚*warten*'. Ja, auch: warten.

„Sollen wir auf einen anderen *warten?*" Wer biblisches Gehör hat und fühlt, der versteht die Code-Wörter sogleich: daß das Wort ‚kommen' auf die Seite Gottes gehört und das Wort ‚warten' auf die Seite des Geschöpfs, aller seiner Kreatur. „Aller Augen warten auf dich, und du gibst ihnen ihre Speise zu seiner Zeit" (Psalm 145,15). „Herr, ich warte auf dein Heil" (1. Mose 49,18). „Sei stille dem Herrn und warte auf ihn" (Psalm 37,7). – „Denn siehe, der Herr kommt" (Jesaja 40,10). „Gelobt sei, der da kommt im Namen des Herrn" (Matthäus 21,9)! Kommen und Warten, Warten und Kommen! Wer wollte alle Bibelstellen aufzählen und durchgehen, wo diese beiden Wörter einander fragen und antworten?! Miteinander kommunizieren?! Heilsoffenbarung und Schöpfung werden zusammengehalten in dem kleinen Codewort ‚warten', das auch der Apostel Paulus gebraucht: „Denn das ängstliche Harren der Kreatur *wartet* auf die Offenbarung der Kinder Gottes" (Römer 8,19). Auf dasselbe 8. Kapitel des Römerbriefs – „nichts mag uns scheiden von der Liebe Gottes" – bezieht sich unsre Kantate, in Nr. 4: „Laß, Seele, kein Leiden, / Von JESU dich scheiden!"

Namhafte Theologen und Ausleger haben sich über die Frage des Täufers gewundert und sich ihrerseits gefragt, ob denn Johannes angefangen habe, an Jesus zu zweifeln: Er, der damals am Jordan in Jesus den Stärkeren und Kommenden gesehen hat. „Ich bedarf wohl, daß ich von dir getauft werde, und du kommst zu mir?" (Matthäus

3, 14). Da hat man zu Ausflüchten gegriffen und gesagt: Johannes frage nur zum Schein für sich, sondern tue es um seiner Schüler willen, die aus dem Gespräch zwischen ihm und Jesus lernen sollen. Doch halte ich dagegen: Was nicht mir, dem Lehrenden, gilt, das kann auch pädagogisch, für die Lernenden, nimmermehr gut sein. Reden wir nicht abstrakt, d. h. nicht losgelöst von der Lage von Zweifel und Frage des Täufers! Das wäre selber schon eine Ausflucht: eine Flucht nämlich vor der Lage, aus der die Frage des Täufers ergeht. Reden wir nicht verschieden, auch wenn wir glauben: verschieden, je nachdem wie und wo wir uns befinden? Darf es keinen Unterschied machen, ob wir frei durchs Jordantal ziehen oder im Gefängnis sitzen? Einen Unterschied des fragenden Glaubens darf diese veränderte Lage wohl machen! Wie frei und mutig singt da der angefochtene Glaube, der sich an die Stelle des Täufers im Gefängnis begibt und da versteht: „Mein Gemüth ist Zweifels–voll, / Soll ich eines andern warten?"! Laßt uns auch die biblische Sprache und Weise des *Zweifels* lernen, die nur ein anderer Ausdruck des Wartens ist – und die sich wohl unterscheidet von dem bloßen Zweifel der Vernunft, die an den Widersprüchen der Wirklichkeit scheitert? Warum? Weil sich die Vernunft so wenig versteht auf das Klagen und Einklagen. Das tut aber Johannes, wenn er Jesus fragt und damit uneingelöste Versprechen anfragt und anmahnt.

Kann doch Jesus nur der *Kommende* sein, wenn es mit ihm und durch ihn auch in der Welt *anders kommt!* Hat sich etwas verändert? Ist etwas zu sehen davon? Johannes zweifelt nicht an der Richtigkeit seines Wartens, sondern er wahrt den Zweifel, ob Jesus richtig gekommen sei. Kommen und Warten. Warten und Kommen. „Bist *du* der Kommende?" So fragt kein kleinlauter Johannes, der einmal großlaut gewesen ist, solange er in Freiheit war. Seine offene Kritik an der gesellschaftlichen und politischen

Moral hat ihn hinter Gitter gebracht. Dasselbe würde ihm heute widerfahren. „Sollen wir auf einen anderen warten?“ So setzt einer seine Kritik fort, die auf Hoffnung immer gegründet war.

2. *Daß und wie Jesus dem Johannes Rede und Antwort steht dadurch, daß er ihm auf die biblisch eindeutige Frage eine biblisch eindeutige Antwort gibt. Daß und wie er Zeitung und Heilige Schrift zusammenhält und zitiert, wenn er sagt: Ja, die biblische Zeit ist da! Die Zeitung von mir: „Gehet hin und saget dem Johannes wieder, was ihr sehet und höret!“ Und die Zitate aus dem Propheten Jesaja (35, 5; 61, 1): „die Blinden sehen und die Lahmen gehen, die Aussätzigen werden rein und die Tauben hören, die Toten stehen auf und den Armen wird das Evangelium gepredigt“. Daß und wie Jesus hinzusetzt den wichtigen Trostzusatz, damit, wer im Gefängnis sitzt, bestehen kann in der Hoffnung: „Und selig, wer sich nicht an mir ärgert!“ Daß und wie wir an der veränderten Wirklichkeit festhalten sollen, auch wenn wir an derselben Wirklichkeit leiden und noch in Gefängnissen sitzen.*

Nun höre, lieber Mensch, der du die schöne Kantate gehört, gesungen und gespielt hast: der du in den Gottesdienst gekommen bist, du, der du ein Gefangener bist auf deine Weise und die Weise lernen wolltest, eine Zweifelsfrage zu stellen, die man nicht in den Wind schlägt, sondern ernst nimmt, der du auch eine Antwort suchtest, eine arme vielleicht, doch eine gute, gediegene: höre, was derjenige sagt und antwortet, der nicht nur von außen kommt, wie wir immer von außen kommen und verlegen sind, wenn wir Gefangenen einen Besuch abstatten und antworten sollen, sondern Antwort bekommen von einem, der innen ist im Gefängnis und von außen kommen darf, weil er selber das Gefängnis erfahren wird und durchbricht. Sieh, Jesus ist so frei zu sagen: die biblische

Zeit *ist da! mit mir* ist sie wieder gekommen! Es ist nicht die Zeit, die man nennt und verhöhnt mit ‚Friede, Freude, Eierkuchen', sondern ist ein anderer Teig, ein Sauerteig, bei dem es einem wohl sauer wird mit Arbeit: Nimm drei Scheffel Mehl (Matthäus 13,33) und durchkneten, Schweiß von der Stirn wischen, aber dann doch sehen, daß es der Teig allein tut, die Arbeit sauer! Es ist etwas *im Werden,* nimm und lies die Zeitung, die als solche widersprüchlich bleibt, du glaubst dem Ganzen nicht: daß Reagan und Gorbatschow die Raketen wegbringen wollen; daß man die Nordsee weniger vergiften will: dann fragst du, skeptisch, wie du bist und mit Johannes auch sein darfst: „Sollen wir eines andern warten?" Dann hörst du vom anderen Ende Schriftzitate, die deine arme Wirklichkeit verstärken, Code-Wörter vor deinem Gefängnis: Blinde sehen! Tote stehen auf! Wirst du dann weiter so skeptisch, so falsch zweifelnd sein, wie der Heilige Geist nicht ist, weil er *lebendig* macht und machen *will:* daß du entgegnen würdest: Ich glaube nicht an alle die Wunder, die Jesus getan haben soll. Jairi Töchterchen soll auferweckt worden sein? Der mondsüchtige Knabe mit beiden Füßen auf der Erde? Hat der Evangelist Matthäus sich nicht zu sehr beeilt, alle die Versprechen der biblischen Zeit zu belegen, so daß du nun anfängst, historisch alles in Zweifel zu ziehen? Wo doch Jesus, dein Heiland und Schilo *dich ziehen* wollte: hinein in jene schöne musikalische Zeit, die die biblische Zeit ist! Ja, singen muß man diese Zeit, die Zeit des Auszugs aus Ägypten, die Elia-Zeit, die ihr singt und gern hört, so, wie der jüdische Komponist Felix Mendelssohn in seinem Oratorium Elias uns vors Ohr und Auge führt.

Es ist keine konfliktlose, keine ruhige Zeit, sondern eine Zeit der allergrößten Widerstände und Nöte! Und gerade deswegen gibt es das: daß Gott nicht fern, sondern nahe ist. Sich an die arme Witwe wenden und zu essen haben wollen von ihr! Mütter, die sagen: Will mir und meinem Sohn vom letzten Mehl Brot backen und sterben (1. Könige 17,12) – und Leben erfahren: Armutsreden mit Auferstehung! Biblisch die *Zeichen der Zeit verstärken*, das können wir doch! Durch verschlossene Türen gehen und sagen: Friede sei mit euch! (Johannes 20,19). Da muß man doch in Gefängnissen sein, um durch solche Türen ihn, den Schilo, ‚denjenigen, welchem', der kommt, gehen zu sehen! Um selber durch verschlossene Türen zu gehen – ins Freie!

Seht, deshalb sagt Jesus: „Und selig, wer sich nicht an mir ärgert!" An den Unrechtsverhältnissen, an den bösen und üblen Dingen, die einen Menschen, ganze Völker, Mensch, Baum und Tier unglücklich machen: an der Wirklichkeit, die es besser zu machen gilt, sollst du dich immer ärgern, sollst Kritik daran üben, wie Johannes der Täufer getan hat, dergestalt daß du dich nicht scheuen sollst davor, daß man dich verdächtigt oder gar einlocht. Aber an dem, der gekommen ist, *an Jesus selbst* sollst und darfst du dich nicht ärgern. Hat er doch selbst den Widerspruch, die Verfolgung, das Nicht-Angepaßtsein auf sich genommen: bis zum Tode am Kreuz. Nur weil Jesus das Gefängnis selbst nicht gescheut hat, konnte er dem Johannes diese Antwort geben. Den hoffnungsvollen, den glaubwürdigen Code, die biblische Geheimsprache eines in Gott Verliebten.

Ein letztes Wort will ich euch sagen zu dem, daß in unserer schönen Bachkantate alle Befreiung so verinnerlicht scheint. In der dritten – hier ausgelassenen – Arie heißt es: „Die geistlich Lahme gehn / Die geistlich Blinde sehn." Das kann man mißverstehen und mißbrauchen. Mißverstehen: als dürfe man sich auf die Innerlichkeit zurückziehen und die Welt sich selbst überlassen und Gott einen guten Mann sein lassen, der alles schon irgendwie regeln und regieren werde. „Ärgre dich, o Seele, nicht!" Die

Seele kann ohne ihren Leib in Frieden nicht leben! Da ist Widerspruch, ist Aufbegehren am Platz, wo der Leib, der eigene und der der anderen geschunden wird. Die Seele soll diesen Widerspruch festhalten: in der Innerlichkeit ihres Gefängnisses, wie Johannes festhalten, ohne an sich zu resignieren. Johannes fragt ja in der Tat nicht nach seiner eigenen Befreiung, hat jedenfalls nicht in erster Linie sich im Blick, sondern fragt nach den Armen, deren Gefängnis das alltägliche Leben ist.

Innerlichkeit, in der uns Bachs *Musik* verstärkt, soll eine Stärkung, eine Macht, ein Schatz, ein Vermögen sein, damit wir in den Widersprüchen der Wirklichkeit nicht erliegen. Das ist ganz privat für dich gesagt! Füttre deine Seele mit Musik, mit Evangelium, damit du im Alltag nicht den Einwand deiner Seele hören mußt, sie sei zu kurz gekommen und könne deshalb keinen Widerstand mehr leisten! Aber mißbrauche diese Selbstversorgung nicht: indem du die schöne Andacht nur für dich genießt, anstatt Stärke und Kraft und Mut daraus zu ziehen, auch für andere da und parat zu sein! Leib und Seele – unterschieden und doch nicht getrennt. „Und selig, wer sich nicht an mir ärgert!"

Ausweg
oder
Das eine Talent

„... und verbarg seines Herrn Geld."
MATTHÄUS 25,14–30

Es gibt ein doppeltes Gericht am Ende der Tage. Einmal wenn ich als verlorener Sünder vor Gott dem Richter stehe – und dann wenn ich als Freigesprochener vor Christi Richterstuhl trete. Im ersten Fall geht es, wie das Gleichnis vom Schalksknecht zeigt, um meine unerhörte Schuld von 10000 Talenten, das sind umgerechnet heute 500 Millionen Mark. Die kann ich nicht bezahlen, selbst wenn ich dreimal den ersten Rang im Lotto gewonnen hätte. Hier bleibt mir nur die reine Vergebung, die mir dadurch zuteil wird, daß ein anderer, Christus, zum Höllengefängnis verurteilt wird an meiner Stelle. Im zweiten Fall hingegen fragt mich Christus als Richter der Barmherzigkeit, was ich mit den Talenten angefangen habe, die er mir als Gnadengaben, als Auf- und Handgeld zur Befreiung hinzugegeben. Denn der aus dem Gefängnis Entlassene bekommt, um in der Welt leben und wirken zu können, ein Gnaden- oder Freigeld von 5 oder 2 oder 1 Talent. Das sind umgerechnet: bald 250000, bald 100000, bald 50000 Mark. Es gibt also ein Gericht der Gerechtigkeit vor Gott: aus dem komme ich frei und heil heraus allein durch den Glauben, der seine Schuld bekennt und sich alles ohne eigenes Tun vergeben läßt. Und es gibt ein Gericht der Barmherzigkeit und Verantwortung vor Christus: da bestehe ich allein durch den rechten Gebrauch, den ich von der Gabe gemacht, insbesondere durch die Liebe, die ich im Leben getan habe. Vor dem Gericht Christi muß ich mich dann nicht fürchten, sondern gehe sogar mit Freudigkeit auf es zu, wie es im 1. Johannesbrief (4, 17 f.) heißt: „Darin ist die Liebe völlig bei uns, daß wir eine Freudigkeit haben am Tage des Gerichts ... Furcht ist nicht in der Liebe, sondern die völlige Liebe treibt die Furcht aus; denn die Furcht hat Pein."

Unser Gleichnis nun von den 8 Talenten zeigt, wie die Furcht einen Knecht Jesu Christi zu Fall bringen, ja in die Höllenpein stürzen kann. Ach, es ist ausgerechnet derjenige unter den dreien, der die kleinste Gabe besaß und aus Angst die Arbeit nicht tat! Wo doch die Letzten, die geistlich Armen und Eintalentigen, die Ersten im Himmelreich sein sollen! Ja, ein Gleichnis vom Himmelreich, nämlich vom freudigen Gericht will auch Jesu Gerichtsgleichnis sein: will erzählen vom Erfolg des Glaubens, vom Gelingen des Glücks und dem Lohn der Freude! Wodurch nur schlug die schöne Geschichte um und fehl und aus zum bösen Gericht? Hört nur! Der Knecht mit dem einen Talent – was hat er getan? Vergraben hat er's in die Erde und „verbarg seines Herrn Geld". Während die anderen Knechte tätig werden und ihre Talente zu 10 und 4 verdoppeln, kann dieser Knecht offenbar nichts anfangen mit dem, was er bekommen hat. Unlust und Angst, keinen Bock haben und keine Zukunft: das gibt einen Kitt und macht ziemlich lahm. Da spricht die Furcht: ‚Die Höherbegabten werden das Rennen unter sich ausmachen, was soll ich da mit meinem bißchen Talent!' Verzagt und dreist in einem ist die Angst des Schwachen, die sich in Trotz zu retten versucht. Als nämlich der Herr endlich Rechenschaft forderte, da wird der untätige ängstliche Knecht vorwurfsvoll und ausfällig. „Herr, ich wußte, daß du ein harter Mann bist ..." In seiner Phantasie hat er sich das lange ausgemalt und sich die Sätze zurechtgelegt.

‚Das eine Talent, das du mir gabst, war im Grunde eine Belastung. Unter Leistungsdruck hast du mich gesetzt, Gewinn sollte ich machen. Ja, von meinem einen Talent wolltest du noch profitieren!‘ Bei diesem Gedanken wird die Angst erst richtig aufsässig und fängt an zu dichten, weil sie selbst fiktiv und erdichtet ist. Sie macht einen schlimmen Psalmvers mit einem richtigen parallelismus membrorum:

„Du schneidest, wo du nicht gesät hast,
Und sammelst, da du nicht gestreut hast.“

So scheint die Furcht verständlich, ja begründet, wenn er die Entschuldigung mit den Worten beschließt: „... und ich fürchtete mich, ging hin und verbarg dein Talent in der Erde. Siehe, da hast du das Deine!“ ‚Den silbernen Löffel von der Taufe und die Konfirmationsgeschenke, alles noch nagelneu und in Watte. Da hast du es wieder, genug, daß ich's so gut aufbewahrt habe: Das neue Leben in Freiheit, das war kein Geschenk. Da hast du es wieder. Gabe? Nein danke!‘ Wie hart ist die Rede dessen, der nicht nur sein Talent, sondern auch sich selbst versteckte und vergrub!

Der Herr hätte die Antwort prüfen und dagegenhalten können, daß er sehr wohl seine Talente wie eine Saat ausgestreut habe, hätte erinnern können an Sämann und Akker. Aber er nimmt den Vorwurf auf sich, weil nichts so schmerzhaft ist wie abgewiesene Liebe und ein Geschenk, das nicht ankam. ‚Gesetzt‘, fährt der Herr fort, ‚ich wäre so, wie du sagst, ein harter Mensch und Profitjäger: Warum hast du nicht aus deinem Wissen die Folgerung gezogen und nicht mein Geld um Zins auf die Bank gegeben? Wenn du schon nicht arbeiten wolltest oder konntest, warum ließest du nicht mein Geld arbeiten? Mußtest du auch das verhindern? Auf der Bank hätte sich zwar die

Summe nicht verdoppelt, aber ein paar Zinsen würde das eine Talent schon gebracht haben!'

Wegen dieses Vergleichs aus der Welt des Kapitals ist Jesu Gleichnis von ernsten Auslegern gescholten worden. Dabei hat das Wort von den Zinsen einen viel höheren Ernst, als man meint, und spricht eine Kritik aus, die tiefer geht, als unsere ideologiekritische Vernunft wahrhaben kann. Von den Gnadengaben, die ein Mensch bekommen hat, keinen Gebrauch machen – ist eines und sicher schlimm genug! Aber dieselben Gaben auch noch vergraben, d.h. sie daran hindern, eine eigene Wirkung zu haben – das ist ein anderes und kommt erschwerend hinzu! Christi Gnadengaben sind nämlich nicht passiv, sondern wirken auch ohne das Zutun, ja oft gegen den Willen des Begabten zum Guten, arbeiten und machen über Jahre Gewinn. Bist jung oder alt, ein ängstlicher Mensch, ein leidender auch: der du auf deine Gabe nichts gibst und dennoch gibt es dich mit deiner Gabe, die gerne jung ist mit dir und alt und ängstlich und leidend. Da kannst du wenigstens gut sein mit Zinsen fröhlicher, freundlicher Augen, bist ein faules, aber winziges Stück deiner Gabe! Vergraben kann man im Grunde seine Gabe zinslos nicht, nicht Gottes geschöpfliche, nicht Christi befreiende Gabe. So ein ängstliches Sorge-, Nage- und Grabetier, wie es das Eichhörnchen ist, muß doch am Ende einen Haselnußstrauch, einen Baum pflanzen!

Seht, so verstrickt sich der ängstlich Faule in seinen faulen Reden! Und das ist seine Hölle, seine Pein, wenn er recht behält und dadurch sich selber richten muß. Aber zum Glück für uns ist alles ein Gleichnis und das Gericht der Barmherzigkeit noch nicht da. So können wir Eintalentigen aus der Geschichte lernen, es besser zu machen und doch noch glücklich zu werden mit unserem Talent im Himmel und auf Erden. Deswegen laßt uns die ganze Erzählung von vorne durchgehen, damit ja nichts Beängstigendes übrigbleibe von der Rede in unserem Gewissen und Herzen, der Richter im Namen der Barmherzigkeit sei „ein harter Mensch".

Nun hört die Geschichte, die Jesus hat erzählen wollen in Richtung auf eine bessere Welt! „Gleichwie ein Mensch, der über Land zog, rief seine Knechte ..." Ein Mensch heißt der Mann, der wohl ein Herr heißen könnte, denn er hat Knechte. Doch daß der Herr, der sich fertig macht zu einer längeren Reise, sich Mensch nennen läßt, das hat damit zu tun, daß er ein eigenes Verhältnis zu seinen Knechten hat. Heißen doch auch die Knechte – im neutestamentlichen Urtext – nicht seine Knechte bloß, sondern „die eigenen Knechte". Wie menschlich der Herr seinen Knechten gegenüber ist, davon zeugt sein Handeln. Drei Merkmale zeichnen sein Handeln aus und ihn als den wahrhaften Herrn oder menschlichen Menschen.

Erstens übergibt er sein ganzes Vermögen, alles was er besitzt, seinen Knechten zur Verwaltung. Nicht nur wie einer, der sein Bargeld anvertraut, wenn er eine Geschäftsreise antritt und daneben Häuser und unbewegliche Güter behält, weil er in wenigen Wochen oder Monaten zurückkehren wird, handelt der Mensch im Gleichnis. Nein, wie einer, der nicht nur über Land geht, sondern außer Landes, weit fort, und zwar für eine lange unabsehbare Zeit, alle Habe veräußert und verflüssigt und die Summe vom Ganzen zu treuen Händen gibt, so macht der Mensch es hier, der erst zurückkehren wird „über eine lange Zeit". Er geht nicht auf Sicherheit, indem er etwas für sich zurückbehielte: etwa für den Fall einer Krise oder des Versagens der Knechte. Auch läßt er sein Geld im Land, nimmt es nicht mit nach Monaco. Ja, 8 Talente sind die Totalsumme dessen, was er sein eigen nennt und seinen Knechten zu eigen gibt, weshalb er ein Mensch und seine Knechte die eigenen heißen. Die Zahl 8 ist nämlich eine biblische Zahl, die volle Gänze bedeutet, Vollkommenheit, neue Schöpfung: sieben Tage und einen dazu. Die alte Vollkommenheit 7 und 1 obendrauf! Ach, wenn am Ende 1 Talent fehlte, das eine von acht: wie könnte die Freude im Himmel voll und der 8. Tag auf Erden angebrochen sein?

Daran nun, wie der sein Vermögen verteilt, lies zweitens weiter ab die wahre Menschlichkeit! Er verteilt sein Vermögen nach Vermögen seiner Knechte. ‚Wollest mit Freuden und wollest mit Leiden mich nicht überschütten!' Auch nicht mit Pflichten oder Erwartungen. Es heißt: er habe gegeben „einem jeden nach seinem Vermögen" – und wieder ist der griechische Text noch gnädiger, denn er lautet: „einem jeden nach dem eigenen Vermögen". Ja, dieser Herr hat eigene Knechte und berücksichtigt deren eigenes Vermögen. Soviel wie jeder verkraftet, soviel wird jedem gegeben. Überfordert soll da niemand werden und sich übernehmen auch keiner. So erhält der erste 5, der zweite 2, und dem dritten gibt er 1 Talent. Vor dem Herrn sind alle drei Knechte gleich, denn mehr als ein eigener Knecht dieses eigenen Herrn kann keiner sein oder werden. Die unterschiedliche Tatkraft oder Energie, die einer in Kopf oder Arm hat, zählt nicht, wenn es um das Ansehen der Knechte vor ihrem Herrn geht. Und doch ist der Herr so menschlich, auf die menschlichen Bedingungen zu sehen, wenn er seine Talente verteilt. Die Gnade achtet bei der Verteilung ihrer Gaben auf die schöpfungsmäßigen Gegebenheiten. Wer vor Kraft nicht laufen kann, bekommt 5 Talente, mehr als die beiden anderen zusammen – und heißt doch nicht „Leistungsträger", weil die Gaben ihn laufen machen und tragen. Wer mit beiden Beinen auf dem Boden steht, bekommt 2 Talente, ohne „Wasserträger" zu heißen. Und der Einzelgänger bekommt 1 Talent, ohne daß ihn jemand „Versager" nennen dürfte! Ja, daran wie der Herr sein ganzes Vermögen verteilt: an die eigenen Knechte nach Maßgabe ihrer menschlichen Möglichkeit, erkennen wir, warum dieser Herr „ein Mensch" heißt.

Nun lies drittens noch mehr wahre Menschlichkeit ab von dem kleinen Sätzchen: „und zog bald hinweg". Alsbald, sogleich, sobald er getan, was zu tun war, hat er die Reise angetreten, ohne ein Wort zu verlieren, wortlos, als sei alles gesagt durch sein Tun, reiste er ab. Ach, die Reise ist weit und ihre Dauer lang, was würden da noch Worte helfen, wenn nicht alles durch die Tat abschiedlich klar wäre!? Bei kleineren Reisen und kleineren Herrn setzt es wohl Ansprachen, die kollegial und herrisch zugleich in die ohnmächtige Rückfrage münden: ‚Noch irgendwelche Fragen?' „Und zog bald hinweg." Wie der Herr so frei war, alles zu geben, so ist er auch frei darin, gegeben zu haben. Nachtragen und besorgen muß er dann nichts, denn er hinterläßt seinen Knechten samt allem Vermögen auch alle Freiheit. Weder beschweren noch beschämen tut er die Empfänger, indem er sie zu Fleiß und Dankbarkeit noch anhalten würde. Mit der Gabe gibt er die Freiheit, die Gabe zu empfangen und zu gebrauchen. Er gibt Vollmacht, wie der Evangelist Markus (13,14) unser Gleichnis in Kurzform erzählt: „Gleich als ein Mensch, der über Land zog und verließ sein Haus und gab seinen Knechten Macht, einem jeglichen sein Werk ..." Vollmacht ist die Freiheit, die einem aus dem erlaubten Gebrauch fremden Eigentums zuwächst. Diese Freiheit ist weit größer als diejenige ist, die einem das eigene Eigentum erlaubt, das man meint hüten zu müssen, Eigentum, das seinen Besitzer kleinlich und bedenklich macht. Solche Knechte eigener Freiheit sind dieses Herrn eigene Knechte nicht. Ihre Freiheit aber drückt sich darin aus, daß sie von selber wissen, was sie zu tun haben. Das muß ihnen ihr Herr nicht eigens sagen. Mit der Gabe ist das Wissen gegeben. Eine Gabe, die einem gegeben ist, will sich nämlich verdoppeln. Die geschenkte Freiheit will Freiheit des Schenkens bleiben, nicht alleine kann sie deshalb bleiben, sondern muß sich verdoppeln. Will nicht Freude immer doppelte Freude sein?

So gehen die drei Knechte hin und verdoppeln ihre Summen, ja alle drei, sage ich, damit die Geschichte, wie von Jesus gewollt, glücklich ende in dreifach gedoppelter Freude, in der himmlisch-irdischen $(7 + 1) \times 2 = 16$talentigen Freude. „Gehe ein zu deines Herrn Freude!" wird der Herr dann sprechen, dreimal, zu jedem der drei Knechte besonders, die er fromm und treu heißt, weil sie dem Geber geglaubt und der Gabe vertraut haben, daß sie zu etwas gut ist und frommt. Und der wiederkehrende Herr wird ihnen noch mehr dazugeben und sie „setzen über vieles".

Zu Herren nämlich, wie ihr Herr selber einer ist, sollen am Ende die Knechte werden. Deswegen heißt der Wiederkommende nicht mehr wie zu Anfang „ein Mensch", sondern „der Herr". „Über eine lange Zeit kam der Herr dieser Knechte ..." Nicht weil er jetzt die freundliche Maske fallen ließe, um das harte Gesicht eines Herrn und Richters zu zeigen! Sondern weil es nun die Zeit der offenbaren Mündigkeit und Herrlichkeit ist, da des Herrn eigene Knechte gelernt haben können, eigene Herren zu sein. Wenn der Herr den menschlichen Bedingungen seiner Knechte nahekommen will, heißt er „ein Mensch". Wenn die Knechte ihm, ihrem Herrn, nahe- und gleichkommen sollen, heißt er bei seiner Rückkunft „der Herr".

„Gehe ein zu deines Herrn Freude!" Wenn man bereits in der Freude ist, weil einem alles doppelt gelingt, dann kann man auch vollends hineinkommen in die mehr als doppelte Freude, die gewachsen sein wird mit dem Quadrat der Ewigkeit. Und wenn wir jetzt schon erfahren haben, daß Freude Raum schafft, wo die Angst eng macht, dann brauchen wir auch nicht daran zu zweifeln, daß im Himmel ein wirklicher Raum ist, der Freudensaal heißt.

Da liegen wir, wie Jesus erzählt, mit Abraham, Isaak und Jakob zu Tisch. Feiern dürfen wir, und die eigentliche Feier wird sein, daß übrige Fragen gestellt werden dürfen, die nennt er nicht ‚irgendwelche'. Bestimmte Fragen dürfen es sein. Vielleicht wird man ihn auch darüber befragen, mit welchem Recht der dritte Knecht in den Genuß der vollen Freude gelange, da er doch nur wenig Talent gezeigt habe. Und der Herr wird antworten, daß auch dieser ein Meister der Verdoppelung sei; und daß es keinen Unterschied, sondern immer 100 Prozent ergebe, ob einer aus 5 zehn, aus 2 vier oder aus 1 zwei gemacht habe. Ja, der Herr wird fortfahren, daß der Eintalentige der eine sei, von dem die völlige Freude im Himmel abhänge; daß demselben darum der erste Platz gebühre. Warum? Und der Richter, der richtet im Namen der Barmherzigkeit, wird antworten: ‚Hätte er nicht sein Talent aus Angst vergraben können?' Und da ist Freude im Himmel, daß die Angst diesen Sieg nicht feiern kann. So sollen wir einander helfen dazu, daß wir's nicht vergraben in der Erde. Und wer es schon getan, hat noch Zeit, es wieder auszubuddeln. Und wenn dich einer klein machen will wegen deines kleinen Talents, wenn die Angst kommt, so sprich, wie der andere Knecht, der kluge gerissene Haushalter in Jesu Gleichnis gesprochen hat: „graben kann ich nicht" (Lukas 16,3)!

Heimwege

oder
Unzertrennliche Frauengeschichten

„Und Jesus stand auf …"
MATTHÄUS 9,18–26

„Und gab ihn seiner Mutter …"
LUKAS 7,11–17

„Komm', Lazarus, heraus!"
JOHANNES 11,1–45

Da er solches mit ihnen redete, siehe, da kam der Obersten einer (von der Gemeinde) und fiel vor ihm nieder und sprach: Herr, meine Tochter ist jetzt gestorben; aber komm und lege deine Hand auf sie, so wird sie lebendig!

Und Jesus stand auf und folgte ihm nach und seine Jünger.

Und siehe, ein Weib, das zwölf Jahre den Blutgang gehabt, trat von hinten zu ihm und rührte seines Kleides Saum an …

*

1. *Hört und seht zuerst, wie Jesus aus der Fremde kommt, wenn er heimgeht, und die Fremde noch mitbringt, wenn er heimisch wird, ehe wir zu unserer Geschichte gelangen, wo es am Anfang heißt: „Da trat er in das Schiff und fuhr wieder herüber und kam in seine Stadt." Daß dies erklärt, warum Jesus nicht schnurstracks mit dem Obersten der Gemeinde nach Hause gegangen ist zu dem gestorbenen Mädchen, sondern sich hat unterbrechen lassen von der fremden blutflüssigen Frau, woraus zwei unzertrennliche*

Frauengeschichten geworden sind. Daß wir so weit, bis ins vorige Kapitel, Matthäus 8, ausholen müssen, um auch zu verstehen, was unser Herbst und Heimweg sei.

Wenn Ostern früh fällt in dem Jahr, sehr früh wie heuer, wo Ostern in den März fiel, auf den 26., was höchstens jedes 11. Jahr geschehen mag, dann haben wir am Kirchenjahresende auch den späten Sonntag mit der hohen Zahl, der der 24. nach Trinitatis heißt. Den Sonntag mit dem selten schönen, sehnsuchtsvollen Evangelium von des Jairus Töchterlein. War auch der Sommer lang und, wie der Dichter sagt, ‚sehr groß', dann macht der Herbst uns Heimweh mehr denn je. Und jeder macht sich auf den eignen Heimweg. Auch Jesus findest du nach Hause gehen per Schiff, wie es am Anfang bei Matthäus heißt, Kapitel 9, Vers 1: „Da trat er in das Schiff und fuhr wieder herüber und kam in seine Stadt." ‚Wer jetzt kein Haus hat, baut sich keines mehr.' Seine Stadt mit einem Haus, in dem er wohnt, das ist Kapernaum. Du hast recht gehört: Er „wohnte zu Kapernaum, das da liegt am Meer, im Lande Sebulon und Naphthali" (4, 13). Am Meer, d. h. am See Genezareth. So heißt bei uns der Bodensee auch Meer, das Schwäbische. Und stürmen kann es da ganz schön! Er, der nicht hat, „da er sein Haupt hinlege" (8, 20), der wohnte doch ein wenig, da an der Grenze, wo das Heidenland begann, wenn man den See der Länge nach hinüberfuhr, die Berg- und Hochhauswelt der Dekapolis besuchte. Da kommt er grade her, von jener aufgebrachten Gegend, die sich schon angekündigt hatte bei der Überfahrt mit Sturm und „Ungestüm im Meer" (8, 24). Und dann die beiden irren, aggressiven Leute, Gergesener, die dort in Grabeshöhlen hausten, Produkte jener Teufelswohnkultur, die selbst die Tiere, eine ganze Schweineherde krank und entgeistert machte, so sehr, daß sie vor Angst sich selbst entsorgte in dem Meer. Das „heidnische Galiläa" hatte der Prophet Jesaja ihm mitgegeben, als er Kapernaum zum Wohnsitz wählte: ‚Das Volk, das in Finsternis saß, hat ein großes Licht gesehn; und die da saßen am Ort und Schatten des Todes, denen ist ein Licht aufgegangen' (Matthäus 4, 14 ff.; Jesaja 8, 23; 9, 1). So sehr im Finstern und Todesschatten saßen die zwei Gergesener, daß sie ihm entgegengelaufen waren und ihn, den Arzt, gebeten hatten, er möge sie nicht heilen, ihm vorhaltend, er wäre zu ihrer Qual gekommen (Matthäus 8, 29). Die Hirten der verunglückten Herde hatten ihn dringend darum gebeten, „daß er aus ihrer Gegend weichen wollte" (8, 34). Ein Auflauf war entstanden. Eine ganze Stadt war gegen ihn herausgezogen. Geschrien hatten die Gergesener. ‚Die Krähen schrein / und ziehen schwirren Flugs zur Stadt: / bald wird es schnein, – / wohl dem, der jetzt noch – Heimat hat!' ‚Vereinsamt' hat Friedrich Nietzsche die Strophe überschrieben und gefragt: ‚Was bist du Narr vor Winters in die Welt entflohn?' Gegen die falsche Heimatsehnsucht gab er zur Antwort: ‚Daß Gott erbarm! / *Der* meint, ich sehnte mich zurück / ins deutsche Stubenglück / ins deutsche Warm, / ins dumpfe deutsche Stuben-Glück!'

Der Gott, der der Gott Israels, der Gott der Wüstenwanderung ist, *der* Gott, der im Dunklen wohnen will (1. Könige 8, 1): *Der* meint das nicht, meint es jedenfalls nicht von seinem Christus und lieben Sohn, den du jetzt vereinsamt nach Hause, in seine Stadt, ins jüdische Kapernaum zurückkehren siehst per Schiff! „Da trat er in das Schiff und fuhr wieder herüber und kam in seine Stadt." Ins Heimatlose mußte der erst gehen und bringt die Fremde mit, wenn er nach Hause kommt! Und schon mit eigenem Stuben-Glück ist nichts. Kaum daß er ausgestiegen, ans heimatliche Ufer tritt, trifft ihn das biblisch-unverhoffte ‚Siehe!': „Und siehe, da brachten sie zu ihm einen Gelähmten, der lag auf einem Bette" (Matthäus 9, 2).

Mit Aufstehen mußte alles jetzt zu schaffen haben, womit man ihm zu schaffen machte: ‚Auferstehung des Fleisches und das ewige Leben‘ – in dieser Reihenfolge! Was leichter wäre, fragte er die Kritiker, die kranke Seele zu erheben, durch Vergebung, oder den kranken Leib aufstehn zu lassen – und tat beides. Zuerst: „Sei getrost, mein Kind! deine Sünden sind dir vergeben“ (9,2). Und dann: „Stehe auf, hebe dein Bett und gehe heim! Und er stand auf und ging heim“ (9,6.7). So kam er heim ins Stuben-Glück des andern.

Ein Liegender stand auf. Jetzt kommt ein Sitzender daran, vielmehr kommt Jesus nun bei ihm vorbei und heißt ihn aufstehen: „Und da Jesus von dannen ging, sah er einen Menschen am Zoll sitzen, der hieß Matthäus; und sprach zu ihm: Folge mir! Und er stand auf und folgte ihm“ (9,9). So kann ein Mensch mit einem sitzenden Beruf die Auferstehung ausprobieren und sich in diesem Vers verstehen, wie sich ein Johann Georg Hamann in dem Vers verstand, ein Zöllner und ein Bibelleser ohnegleichen, ein Stubenhocker, der mit Gott und Welt sich Briefe schrieb!

Ja, auch ein Sitzenbleiben kann ein Aufstehen sein, z.B., wenn man sich zusammensetzt mit solchen unbeliebten Leuten, wie die Zöllner welche sind, wie Jesus darauf tat. Da blieb er sitzen, in der Gesellschaft mit den Sündern blieb er sitzen, als der Anstand daran Anstand nahm. Da hat er jenes Wort vom Arzt gesprochen, dessen die Starken nicht bedürften, vielmehr die Kranken (9,12).

Ein Aufstand kann auch liegend sein, z.B. an Fastentagen bei Tisch zu liegen und zu feiern, wie seine Jünger taten. Solange der Bräutigam bei ihnen sei, gäbe es kein Fasten unter Hochzeitsleuten, hat er gesagt, der Bräutigam (9,15), der auch noch heute kommt und feiern läßt im Abendmahl. Da ist nicht Schmalhans Küchenmeister, sondern Freude. Da singen wir die 1. Strophe von dem

Lied: „Jesu, meine Freude ... Gottes Lamm / mein Bräutigam“ (EKG 293, 1).

Dann sitzt er noch und lehrt, daß man kein Flickwerk mache: mit altem Kleid und neuem Tuch; daß man nicht neuen Wein in alte Schläuche fülle (9, 16 f.). Das Kleid darf alt sein, nur der Lappen sei nicht neu, mit dem man's flickt! Der Wein darf jung sein, nur der Schlauch nicht alt! Wer hat erheblicher gelehrt von Alt und Neu, von Jung und Alt – als dieser Sitzende? Alt und Neu – und Jung und Alt spielt der nicht gegenseitig aus, er paßt es gut zusammen! Paß auf, wie er's jetzt flickt. Konflikt: Das neue Kleid des jungen Mädchens hat ein böses Loch bekommen – und die alten Lappen, 12 Jahre hat die Frau sie schon am Leib: wie das zusammengeht und -paßt!

Jetzt sind wir angelangt beim späten Sonntagsevangelium – und früher kommt man da nicht an. „Herr, meine Tochter ist gestorben; aber komm ...“ Da stand er auf. „Und Jesus stand auf und folgte ihm ...“ Der andere aufstehen und nachfolgen heißt, wie oben den Matthäus, der läßt sich selbst in die Nachfolge rufen und steht auf. Wie er sich von seinen sinkenden Jüngern rufen ließ, erwachte und aufstand vom Schiffsboden: „Und stand auf und bedrohte den Wind und das Meer; da ward es ganz stille“ (8, 26).

Wenn er von Tod hört, von dem Tod des Mädchens, das gerade eben, jetzt, gestorben sei, dann steht er auf, der Auferstandene, und bleibt ganz still. Dann singen wir die 3. Strophe von dem Lied, die heißt: „Trotz dem alten Drachen, / Trotz dem Todesrachen, / Trotz der Furcht dazu! Tobe, Welt und springe; / ich steh hier und singe / in gar sichrer Ruh.“

Und weil alles so still gewesen ist und ruhig, hat sich die Frau in aller Stille ihm genähert, von hinten, wie auch die stadtbekannte Frau es tat in Simons Haus (Lukas 7, 38), und hat, seines Mantels Saum berührend, leis die ausgelassene 2. Strophe zu singen angefangen: „Unter deinen Schirmen / bin ich vor den Stürmen aller Feinde frei ... Mir steht Jesus bei ... Jesus will mich decken."

*

Denn sie sprach bei sich selbst: Möchte ich nur sein Kleid anrühren, so würde ich gesund.

Da wandte sich Jesus um und sah sie und sprach: Sei getrost, meine Tochter! dein Glaube hat dir geholfen. Und das Weib ward gesund zu derselben Stunde.

Und als er in des Obersten Haus kam und sah die Pfeifer und das Getümmel des Volks, sprach er zu ihnen: Weichet! denn das Mägdlein ist nicht tot, sondern es schläft. Und sie verlachten ihn.

Als aber das Volk hinausgetrieben war, ging er hinein und ergriff es bei der Hand; da stand das Mägdlein auf.

Und dies Gerücht erscholl in dasselbe ganze Land.

*

2. *Reiß ja nicht die beiden Geschichten auseinander, wie die meisten Ausleger tun, die meinen, man müsse sie einzeln und getrennt behandeln! Aber der behandelnde Arzt hat sie zusammengetan. Und was der zusammengefügt hat, das soll ein Exeget nicht scheiden!*

Es gibt so viele gute Gründe dafür, zwei Krankengeschichten nicht zu trennen. Wenn man sie erzählt einander, das verbindet schon. Geheilt nach Hause kommt man nicht allein – durch eine Krankheit, die alleine macht und isoliert. Die Frau war lange schon durch ihre ungestillte Monatsblutung out, 12 Jahre ging das schon und hört nicht auf, vielleicht seitdem sie 12 geworden war und alles angefangen hatte. Im Markusevangelium lesen wir, das Mädchen sei mit 12 gestorben (Markus 5, 42). Kein Kind mehr, das zu Hause wohlbehütet läge, bald eine junge

Frau, die mit der andern, fremden, unbekannten, namenlosen ... auf einmal sehr verwandt ist! Jairi Töchterlein – den Namen des Vaters, Jairus, des angesehnen Mannes, Vorstehers in der Synagoge, und die Liebkosung ‚Töchterlein' verrät uns Markus wieder (5,22 f.)! – und die namenlose mittellose Frau – daß sie ihr Geld umsonst bei Ärzten aufgewendet hat, weiß Markus (5,26) zu berichten! Zwei sehr verschiedene, getrennte Leben also werden sehr verwandt, verbunden! Wodurch? Durch eine Krise! Wie Elisabeth/Maria, wie Naemi/Ruth: du kennst die biblischen Gespanne, die Frauenfreundschaften, die durch Not gestiftet worden sind. Und hier zwei Frauen ebenso: auf unverhoffte ferne Weise, durch zweimal unverhofftes ‚Siehe!' und in der Mitte Er mit Wohnsitz in Kapernaum. „Siehe, da kam der Obersten einer ..." und: „siehe, ein Weib ... trat von hinten zu ihm ..."

Siehe jetzt du, wie der Arzt und Mittler zweier Krankengeschichten die Frauenfreundschaft stiftet. Eine unzertrennliche Geschichte macht! Eine heile! „Da wandte sich Jesus um und sah sie und sprach: Sei getrost, meine Tochter ..." Du denkst, das sei gesalbte Rede ‚meine Tochter', schlecht erbaulich, salbungsvoll gesagt. Du irrst! Diese Rede ist genau und wirklich Salbe, Medizin. Das Mädchen hatte einen Vater, der für die Tochter sprach und auf den Knien bat. Doch bei der Frau, da muß der Arzt den Fürsprech und den Vater machen, muß an Vaterstatt das sagen: ‚Tochter' und: „sei getrost", hab Mut! Nannte er nicht vorher den Gelähmten ‚Kind', weil der, erwachsen zwar, noch laufen lernen mußte? Das heißt erbaulich, auferbauend reden!

Mut war es schon, daß sie Mut zu ihm gefaßt hatte, indem sie bei sich sprach: „Möchte ich nur sein Kleid anrühren, so würde ich gesund!" Durch Berühren gesund werden gegen die Berührungsangst, wie heilsam! Doch gesund, zur Gänze geheilt war die Frau erst, als sie sich in ihrem Mut von dem entdecken ließ, den sie berührt hatte, von dem sie Kraft genommen hatte mit den Fingerspitzen. Entdeckt wird sie von dem Arzt, der sich umsieht und sie sieht; der sich ihr zuwendet, ein freies Gegenüber, das sie entläßt und spricht: ‚Dein Glaube war deine Rettung!' Da wird verborgner Mut zu sich befreit, wird öffentlich, wird freier Mut, wird Glaubensmut. Mein eigner Mut, der muß mir zugesprochen, angerechnet werden – von einem, von diesem Gegenüber! Es macht die Frau gesund „zur selben Stunde".

Die Frau war dazwischen gekommen und profitierte von dem Mädchen, zu dem der Arzt nicht gleich nach Hause gehen wollte mit dem Vater, es sei denn auf Jesajas Umweg durch die Fremde der Dekapolis. Weißt du, daß jetzt das tote Mädchen auch Nutzen davon hat, daß die fremde Frau den Arzt auf ihre Seite zog? Wenn deren Heilung nicht vorausging, wie käme sie darauf, die auf dem Totenbett liegt, daß eine Krankheit sei der Tod? Daß dieser Arzt vom Tode heilen kann, der nur ein tiefer Schlaf sei? Geheilt vom Tod, daß ich nicht lache! Kein natürliches, kein letales Ende? Da lacht das Volk, der große Lümmel, lacht ihn aus – und hört schon auf, zu flöten und zu trauern! Was sagte er im Trauerhaus? Er sagte: Weicht! Macht Platz, das Mädchen ist nicht tot, es schläft! Wie kann der Tod natürlich sein, wenn vor dem Leben schon er junge Leute trifft: wie dieses Mädchen und wie den jungen Mann von Nain, Sohn einer Witwe? Und wie den Lazarus, für den zwei Schwestern sorgen! Da bettete der Arzt, der dies vom Tod nicht meint, das Totenbett in eine Wunderheilung ein! In eine Wunderheilung, von der wir glauben dürfen, daß sie möglich sei, hier auf der Erde schon – die andere Wunderheilung dann im Himmel, der auf die Erde kommt noch eines Tages! Dann faßt er deine Hand und weckt dich auf, wie eine Schlafende man weckt, nur durch Berührung: „da stand das

Mägdlein auf". So singen wir die letzte Strophe von dem Lied; ungläubig trauernd, ungläubig lachend, hören wir sie singen: „Weicht, ihr Trauergeister! / denn mein Freudenmeister, / Jesus, tritt herein. / Denen, die Gott lieben, / muß auch ihr Betrüben / lauter Freude sein. / Duld ich schon hier Spott und Hohn, / dennoch bleibst du auch im Leide, / Jesu, meine Freude."

War nur der Sommer groß? Der Herbst, „die Ernte ist groß", sagt er zum Schluß (9, 37). Er bittet uns, wir mögen bitten, daß uns der Herr der Ernte „in seine Ernte sende". Was erntet man? Man erntet Freude – von Auferstehungsproben, die man probieren kann. Vom Tode auferstehen – schon hier, so früh? Ja, weißt du nicht, daß Ostern früh fiel dieses Jahr?

*

Zwei Töchter

Einer vom Gemeinderat
Jesus kniend zu sich bat:
„Tot ist jetzt mein Töchterlein!
Grade sie ihr Ende fand.
Auf sie lege deine Hand.
Und sie wird am Leben sein!"

So der Vater bittend sprach.
Auf stand Jesus, folgt ihm nach.
Folgen tut die Jüngerschar.
Sieh, ein Weib und ihren Mut!
Krank sie war am Monatsblut,
blutet schon zwölf lange Jahr.

Wie in einem guten Traum
faßt sie Jesu Kleidersaum,
tritt von hinten sie heran.

Ja, im Rücken ihres Leides
rührt sie an den Saum des Kleides,
spricht im stillen selbst sich an:

„Möcht' ich nur sein Kleid berühren,
werde ich Genesung spüren."
Fühlend, wie ein Retter tut,
dreht er sich, daß er sie sieht.
Und damit die Frau nicht flieht,
sagt er: „Tochter, fasse Mut!"

Und was tief verborgen war,
lang verborgen die zwölf Jahr,
macht der Arzt ihr offenbar.
Was denn heilte ihre Wunde?
Spricht ihr zu, was er ihr tut.
Fügt das Wörtchen „dein" zum Mut.
Glaube machte alles gut.
Ward gesund zur selben Stunde.

Geht mit dem Gemeindeleiter
zu dem Haus der Toten weiter.
Solches Haus erkennt man leicht.
Sieht die Flötenspieler flöten
und das Volk in Trauernöten,
Jesus spricht zu allen: „Weicht!"

„Nicht gestorben ist das Mädchen,
sondern liegt und macht ein Schläfchen!"
Und das Volk lacht Jesum aus.
Andern Ernst will Jesus machen,
treibt das Weinen in das Lachen
und das Volk zum Haus hinaus.

Jesus geht ins Haus hinein.
– Ihn Matthäus nennt allein.
Christus in dem Glorienschein
muß nicht nach den Eltern fragen. –
Und ergreift es bei der Hand.
Und das Mädchen auferstand.
Und hinaus ins ganze Land
ging davon das Hörensagen.

*

Und gab ihn seiner Mutter

Er zog in eine Stadt mit Namen Nain.
Am Tor begegnet ihm ein Trauerzug.
Der Witwe einzgen Sohn hinaus man trug.
Viel Volk zog mit heraus herein.

Da er sie sah, sprach er: „Nicht länger wein!"
Berührt den Sarg, die Träger halten ein.
Ich sage dir: „Steh auf!" Es ist genug.
Der Junge setzt sich auf und redet klug.

‚Und gab ihn seiner Mutter', wie es steht:
Elia und Elisa taten Müttern.
Es überkam sie alle Furcht und Zittern.

Und priesen Gott. Denn ein Prophet
ein großer, sei bei ihnen aufgestanden.
Die Bibelzeit in Jud- und Heidenlanden!

*

Komm', Lazarus, heraus!

Lazarus lag krank.
Die Schwestern wurden bang.
Jesus zwei Tage lang
verweilt auf seinem Gang.
Am vierten Tag er stank.

Wie wir's von Martha lesen,
muß er den Vorwurf büßen,
Maria ihm zu Füßen:
„Er hätt' nicht sterben müssen,
wärst du nur hier gewesen!"

Er in Bethanien blieb.
Die Judenschaft vereint
hat mit Marie gegreint.
Auch Jesus Tränen weint.
„Wie hatt' er ihn so lieb!"

Nun, Jesus, auf! ergrimme
und ruf' mit lauter Stimme
hinein ins Felsenhaus:
„Komm', Lazarus, heraus!"

So uns dem Tod entwinde,
wälz' ab den Stein vom Grab
und löse Tuch und Binde
von Kopf und Füßen ab!

Überweg

oder
Wie wird det mit uns so nachn Tode?

„Ich bin der Gott Abrahams ...“
MATTHÄUS 22,23–33

I.

„Wie wird det mit uns so nachn Tode?“ (Kurt Tucholsky). Selbst wer gar nichts mehr glaubt, fragt noch so, wenn ihn die Frage ankommt, sei es nur drum, um diejenigen, die etwas zu wissen glauben oder doch etwas glauben sollten, in Verlegenheit zu bringen und zu überführen dessen, daß sie nichts wissen oder glauben, denn Angriff, wenn man sich schämt, ist die beste Verschleierung. Müssen dann unsere Antworten ebenso verschleiernd sein, als würden wir uns des Evangeliums schämen, das doch von einem Leben nach dem Tode spricht? Nämlich wir, die wir glauben und eine Antwort wissen sollten, geben dann keine oder nur eine mit einem halben Ja und einem halben Nein. Wir unterstellen verbotene Neugier, wittern verkehrtes Bescheidwissenwollen. Dann entgegnen wir auf die Frage, ob es ein Leben nach dem Tode gebe: diese Frage sei falsch gestellt, weil sie das Jenseits diesseitig, das Unverfügbare verfügbar machen wolle, was existentiell nicht zulässig sei. Oder wir kratzen die gesellschaftskritische Kurve und stellen dagegen, es komme auf die Frage an, ob es ein Leben *vor* dem Tode gebe. Oder wir tun mächtig neuzeitlich, wissenschaftlich und aufgeklärt, indem wir aber unseren eigenen Unglauben oder theologisches Unvermögen für Kritik ausgeben, und sagen, daß man heute so nicht mehr fragen könne. Als ob biblische Auskunft je heute gefragt gewesen wäre und nicht ihr gegen die Zeit stehendes, d.h. gegenwärtiges Heute gehabt hätte und habe. „Heute, so ihr seine Stimme höret, so verstocket euer Herz nicht ..." (Psalm 95,7). „Höre, Israel, du wirst heute über den Jordan gehen ..." (5. Mose 9,1). „Heute ist diesem Hause Heil widerfahren ..." (Lukas 19,9). „Heute wirst du mit mir im Paradiese sein" (Lukas 23,43) – eine Auskunft, die auch nicht im allgemeinen auf der Hand lag, sondern auf der Hand liegt, die auf dem Holz lag.

Wie wird det mit uns so nachn Tode? Die Frage ist frech und unsere Antworten sind tantenhaft verschämt, so wie wenn mich ein kesser Knirps und Steppke fragte, mich, der ich nicht mehr ganz jung und knusprig bin: Na Opa, wie alt biste? – und ich würde weise onkelhaft, d.h., zwar richtig, aber nicht ganz wahrheitsgetreu entgegnen: Mein liebes Kind, ein Mensch sei immer so alt, wie er sich fühle. Damit die Rotznase denken soll: Der fühlt sich jung. Aber ich wollte nicht vom Alter reden. Kein Wunder, wenn die Berliner Schnauze dann dieselbe voll davon hat, sich nicht einwickeln läßt und fragt: Also wat nu – Ja oder Ja? „Eure Rede sei Ja Ja", soll schon mal einer gesagt haben, auf dessen Namen ich jetzt nicht komme. Kurt Tucholsky, der sonst wohl den Himmel gern den Engeln und den Spatzen überließ, hat ein Gedicht verfaßt, das auf unsern Totensonntag paßt. Das heißt

*

ALSO WAT NU – JA ODER JA?

Wie ick noch'n kleener Junge wah,
da hattn wa auffe Schule
een Lehra, den nannten wa bloß: Papa –
een jewissen Doktor Kuhle.

Un frachte der wat, un der Schieler war dumm,
un der quatschte und klöhnte bloß so rum,
denn sachte Kuhle feierlich:
„Also – du weeßt et nich!"

So nachn Essen, da rooch ick jern
in stillen meine Sßijarre.
Da denk ick so, inwieso und wiefern
un wie se so looft, die Karre.
Wer weeß det … Heute wähln wa noch rot,
un morjen sind wa valleicht alle tot.
Also ick ja nich, denkt jeda. Immahin …
man denkt sich so manchet in seinen Sinn.
Ich bin, ick werde, ick wa jewesen …
Da haak nu so ville Bicher jelesen.
Und da steht die Wissenschaft uff de Kommode.
Wie wird det mit uns so nachn Tode?
Die Kürche kommt jleich eilich jeloofn,
da jibt et 'n Waschkorb voll Phillesophen …
Det liest man. Un haste det hinta dir,
dreihundert Pfund bedrucktet Papier,
denn leechste die Weisen
beit alte Eisen
und sachst dir, wie Kuhle, innalich:
Sie wissen et nich. Sie wissen et nich. (1931)

*

Ich habe dir das Gedicht aufgesagt, damit du, nun, wenn du das Evangelium auf den heutigen Totensonntag hörst, auch frech und keß wirst und fragst, wie die Sadduzäer Jesus gefragt haben, um zu sehen, ob der auch Ausflüchte sucht, ausbüchst und kneift vor der kniffligen Frage, wie ein Mensch sich das denken und vorstellen könnte, wenn es, angenommen, ein Leben nach dem Tode gäbe. Daß du deinen lieben Lehrer wohl in Verlegenheit bringen darfst mit dieser Frage. Kannst ihm ruhig ein Bein stellen heute und richtig alles richtig bezweifeln, damit du selbst nicht einmal strauchelst und dann ungewiß bist, wenn es darauf ankommen wird, nicht zu stolpern und zu stottern, sondern gewiß sein wirst mit Hilfe seiner Auskunft, wenn du zu sterben und zu stehen kommst an den Jordan, über den du dann heute gehen sollst ... Zu stehen kommst vor seinen Thron und deinen Richter, der nur will, daß du's tust mit Freimut und Freude. „Wenn der Herr die Gefangenen Zions erlösen wird, so werden wir sein wie die Träumenden. Dann wird unser Mund voll Lachens sein ..." (Psalm 126, 1 f.).

Jesus ist kein Denkmal, sondern kann denken. Die Sadduzäer, die an keine Auferstehung der Toten glauben, nennen ihn gleichwohl einen Lehrer und Meister. So schämt er sich auch nicht, sie in seine Schule und Lehre zu nehmen.

*

An dem Tage traten zu ihm die Sadduzäer, die da halten, es sei kein Auferstehen, und fragten ihn und sprachen: Meister, Mose hat gesagt: So einer stirbt und hat nicht Kinder, so soll sein Bruder sein Weib freien und seinem Bruder Samen erwecken (5. Mose 25, 5 f.). Nun sind bei uns gewesen sieben Brüder. Der erste freite und starb; und dieweil er nicht Samen hatte, ließ er sein Weib seinem Bruder; desgleich der andere und der dritte bis an den siebenten. Zuletzt nach allen starb auch das Weib.

Nun in der Auferstehung, wes Weib wird sie sein unter den sieben? Sie haben sie ja alle gehabt.

Jesus aber antwortete und sprach zu ihnen: Ihr irret und wisset die Schrift nicht noch die Kraft Gottes. In der Auferstehung werden sie weder freien noch sich freien lassen, sondern sie sind gleichwie die Engel Gottes im Himmel.

Habt ihr aber nicht gelesen von der Toten Auferstehung,

was euch gesagt ist von Gott, der da spricht: „Ich bin der Gott Abrahams und der Gott Isaaks und der Gott Jakobs" (2. Mose 3, 6)? Gott aber ist nicht ein Gott der Toten, sondern der Lebendigen.

Und da solches das Volk hörte, entsetzten sie sich über seine Lehre.

*

So steht das Evangelium bei Matthäus 22, die Verse 23 bis 33. Wie wird det also mit uns so nachn Tode? Wat nu – Ja oder Ja, lieber Meister!

II.

Nun hört, wie Jesus zuerst Nein Nein sagt und darauf Ja Ja als Antwort auf die Frage der Sadduzäer, die wir zuallererst drannehmen müssen, weil sie auch unsere kritische Frage ist.

1. Zwar ist die Levirats- oder Schwagerehe aus dem alten Israel uns fremd: jener Brauch, daß innerhalb einer Großfamilie eine kinderlos gebliebene Witwe vom nächstälteren unverheirateten Bruder des verstorbenen Mannes zur Ehefrau genommen werden solle. Soziales Handeln war eben früher immer mit persönlicher Anteilnahme und mit Opfer verbunden. Wäre das heute noch so – und nicht fast alle Nächstenhilfe an den sozialen Staat übergegangen –, wir würden weniger ethisch abstrakt appellierend zum Fenster hinaus reden, ohne die eigenen Kosten zu überdenken, die uns die reine Gesinnung nicht macht.

Aber fremd ist uns nicht die Schwierigkeit, die die Sadduzäer-Frage aufgeben will: jedenfalls nicht schwer verständlich für diejenigen, die nach dem Verlust ihres Ehepartners eine neue Ehe geschlossen, vielleicht eine solche mit einem Menschen aus dem Umkreis der Familie oder Freundschaft geschlossen haben, also eine Levirats-

oder Schwagerehe im weitesten Sinne. Daß es gleich sieben Brüder sein müssen, die die Frau hier hintereinander zum Manne hatte, mutet erdichtet und märchenhaft an. Ja, dicht soll der gordische Knoten schon sein und alles wie im Grimmschen Märchen von den sieben Raben und verwunschenen Brüdern, die ihr Schwesterchen finden müssen, um erlöst zu werden. Weil es um ein Lösen geht, das ein Erlösen ist, kann man kein zeitliches Problem in die Ewigkeit verlängern und fortschreiben.

2. Ein Graben ist da und ein Unterbruch zwischen dem Diesseits und dem Jenseits, zwischen Zeitlichkeit und Ewigkeit, zwischen Himmel und Erde. Deswegen sagt der Lehrer sein Nein Nein. Ihr irrt. Ihr kennt erstens die Schrift nicht. Ihr kennt zweitens die Kraft Gottes nicht. Es ist alles ganz anders: *totaliter aliter.*

Ihr kennt die Anekdote von jenen beiden Mönchen, die sich ihre Vorstellung vom Himmel gemacht und verabredet hatten, daß wer zuerst sterben und in den Himmel kommen werde – daß sie dahin gelangen würden, dessen waren sie gewiß –, der solle dem anderen im Traum erscheinen und entweder sagen: *totaliter,* d. h. ganz so, nämlich wir es uns vorgestellt haben, oder sagen: *aliter,* d. h. anders als wir gedacht. Und als es dann soweit war, erscheint der eine dem anderen wirklich im Traum und sagt aber zu dessen Erstaunen weder: *totaliter* noch *aliter,* sondern sagt: *Totaliter aliter!* Ganz anders! Darauf war alle Vorstellung zu Ende, und der Traum war aus und kein Träumender mehr, geschweige denn ein lachender Mund.

Dann gibt es also keinen Überweg und Weg hinüber, den wir doch gehen, über den Fluß, über den wir doch setzen müssen? Nein Nein sagt die negative Theologie oder *theologia negativa* und versteht des Lehrers Rede und Antwort mit den Engeln so, als wäre dies die letzte und einzige Auskunft: daß es im Himmel kein Heiraten gebe –

und darum die Frage eben falsch gestellt sei, wer mit wem und so weiter. Ach, denke ich, wie schön wäre es, wenn meine Frau wenigstens in meiner Nähe von den Toten auferstehen dürfte, dann würde ich keinen wildfremden Menschen neben mir zu fragen brauchen: Entschuldigen Sie, wo geht's denn hier zum Richterstuhl Christi? Und wenn ich den Gedanken ausspreche, den jeder wenigstens sich sagt im stillen, dann stelle ich mir ein Engeldasein ziemlich langweilig vor und rufe dafür zum Zeugen auf einen Münchner im Himmel, der auch nicht immer Halleluja singen wollte, sondern Gott Vater schließlich um die Erlaubnis gebeten hat, wieder auf die Erde zurückzukehren. Ja, das ist die Verlegenheit einer jeden negativen Theologie, die bei der bloßen Verneinung endet und nicht verhindern kann, daß unser Denken doch wieder Fleisch und Blut annimmt und nicht aufhört zu träumen. Deshalb lassen wir solche Wissenschaft auf der Kommode stehen und wenden uns zurück zu jenem Lehrer, der Meister im Lehren ist dadurch, daß er nicht abstrakt Nein gesagt hat, sondern konkret zweimal Nein: *Ihr irret und wisset die Schrift nicht noch die Kraft Gottes.* Weil er unseren Irrtum beheben und uns belehren will darüber, was die Schrift sage und was die Kraft Gottes sei, nämlich in bezug auf unser Problem, wird er wohl nach dem zweifachen Nein ins doppelte Ja-Sagen kommen. (Die Engel behalten wir bis dahin im Sinn.)

3. Und der Lehrer, der Meister ist im Lehren, greift hinter sich in den großen Schulsack, der das Alte Testament ist, und sagt mit Hilfe eines Schriftzitats das erste Ja: *Habt ihr aber nicht gelesen von der Toten Auferstehung, was euch gesagt ist von Gott, der da spricht: „Ich bin der Gott Abrahams und der Gott Isaaks und der Gott Jakobs"?* In die Vergangenheit greift der Lehrer, um etwas über die Zukunft zu sagen? Ist das ein Weg und eine Methode, den Über-

weg zu finden, vom Jetzt ins Dereinst? Sei so gut und hole für einen Augenblick den Platon aus dem „Waschkorb voll Phillesophen"! Der hat nämlich geschrieben, wir erkennten das Zukünftige aus dem Zurückliegenden. Wir erkennen also z. B. die Teilung Polens zwischen Hitler und Stalin aus der 3. Teilung von 1795 – und diese aus der 2. Teilung von 1793 – und diese aus der Teilung von 1772. Und Hitlers gescheiterten Rußlandfeldzug erkennt man aus demselben Napoleons – und diesen aus demselben Karls XII. von Schweden. Schade nur, daß das alles keine Zukunft hatte – oder vielmehr: ein Glück, daß dem so ist! Deswegen lege Platon in den Waschkorb zurück. Aber wisse, daß die Methode mit dem Hintersichgreifen, um einen Vorgriff zu tun, in Gottes Geschichte wohl klappt, weshalb ich auch wieder verstehen kann, warum die frühchristlichen Apologeten behauptet haben, Platon hätte Mose gelesen und von ihm abgeschrieben. Abschreiben ist nämlich in der Bibelschule nicht verboten und schimpflich, sondern Pflicht und allerhöchste Ehre.

Als Gott der Herr nämlich dem Mose im brennenden Dornbusch erschienen war und von Mose gefragt wurde, welchen Namen er dem gefangenen Volk nennen solle, den Namen welchen Gottes, der Israel aus Ägypten in die Freiheit führen werde, da nannte Gott der Herr zuerst einen jenseitig-zukünftigen Nein-Nein-Namen: „Ich bin, der ich sein werde." Aber darauf griff Gott der Herr selbst hinter sich und sagt den doppelt und dreifach bejahenden Namen, den Satz, den Jesus jetzt zitiert als Gedächtnisstütze und -hilfe, als Mémorial und Aide-mémoire für den Gott der Zukunft und der Auferstehung: „Ich bin der Gott Abrahams und der Gott Isaaks und der Gott Jakobs" (2. Mose 3,6).

Gott ist als der ganz Andere in seiner eigenen Geschichte der oder das Nicht-Andere. Wie könnte er auch das Andere zu unserer Wirklichkeit sein, die selbst ihr Gegenteil verneinend *(per nefas)* bestimmend würde, wie Nikolaus von Kues, mit dem bäuerlichen Namen Krebs, erkennt und darüber den Weg nach vorne zurück findet: mit Hilfe des biblischen Krebsganges vom Nein Nein zum Ja Ja. Da gibt er Gott den philosophischen Namen *Non aliud.* Den darfst du im Waschkorb nicht lassen.

Das war schon immer so, war nie anders bei Abraham – und nicht auch bei dir? – , daß er ausziehen sollte aus Ur und es tat, ohne zu wissen, wohin – und doch ankam. Das war schon immer so, war nie anders bei Sara und Abraham – und nicht auch bei euch? –, daß sie lachten, weil sie dachten, Gott habe den Mund zu voll genommen, und es wurde *ihr* Mund voll Lachens. Im hohen Alter wurden sie wie die Träumenden. Lachen sei ein Wesensmerkmal des erkennenden Menschen, meint Aristoteles – raus aus dem Waschkorb! So wären wir ja durch Lachen unserer Dummheit voraus, selbst wenn wir aus Dummheit lachten über Gottes unvorstellbare Auferstehungszukunft. Aber Aristoteles irrt, wenn er meint, Lachen sei ein Vorzug des Menschen vor allen Lebewesen, wo doch „alle Bäume auf dem Felde mit den Händen klatschen" (Jesaja 55, 12) werden und die Walfische spielen (Psalm 104, 26) und Gott lobpreisen sollen im Meer (Psalm 148, 7): Engel, Sonne, Mond und Sterne, die gesamte Kreatur. Aristoteles, wieder hinein in den Waschkorb!

Die Engel lobend inmitten aller Kreatur also (Psalm 148, 2 ff.)! Dann wären Engel auch zuerst ganz anders – und dann wieder nicht anders! Nicht anders wären wir Engel im Himmel. Kreatürlich wie die Seraphim, die ihre Geschlechtlichkeit im Thronsaal Gottes wohl bedecken mit zwei Flügeln (Jesaja 6, 2): „ihre Füße", wie es nachsichtig heißt, aber doch behalten haben. So langweilig wird es denn nach Halleluja und Trishagion doch nicht zugehen im Himmel. Und der Münchner im Himmel tut ja nur, was ein Engel sowieso tut, wenn er Dienstmann oder Postbote eh war: Er wird gesandt auf die Erde. Fangen wir hier auf Erden schon damit an, einander helfende Engel zu sein – und bleiben wir im übrigen gespannt darauf, wie die sieben Raben und Brüder dann ihr Schwesterchen finden werden! Denn das bleibt zweitens Gottes Kraft und zweites Ja!

Als Blaise Pascal gestorben war, fand man in seinem Mantelsaum ein mit *MEMORIAL* überschriebenes Billet, mit dem der Denker des Unendlichen und Herzenslogiker über den Jordan gefahren ist:

*

Feuer

„Gott Abrahams, Gott Isaaks, Gott Jakobs“
nicht der Philosophen und Gelehrten.
Gewißheit, Gewißheit, Empfinden: Freude, Friede.
Gott Jesu Christi …

*

Na, dann säume mal nicht, dein Testament zu machen: dir’s einzusäumen!

PREDIGTNACHWEIS

Die hier gedruckten Texte
geben die folgenden Predigten des Autors wieder:

Matthäus	9, 18–26	Heiliggeistkirche Heidelberg, am 24. Sonntag nach Trinitatis (31. Sonntag im Jahreskreis), am 5. 11. 1989.
	11, 2–6	Evangelisch-lutherische St. Johanneskirche Würzburg, am 1. Advent, am 29. 11. 1987, mit der Kantate Johann Sebastian Bachs „Ärgre dich, o Seele, nicht!" (BWV 186a).
	13, 44–46	Peterskirche Heidelberg, am 9. Sonntag nach Trinitatis (16. Sonntag im Jahreskreis), am 23. 7. 1989.
	22, 23–33	Peterskirche Heidelberg, Ewigkeitssonntag/Gedenktag der Entschlafenen (Christkönigsfest) am 26. 11. 1989.
	25, 14–30	Heiliggeistkirche Heidelberg, Drittletzter Sonntag im Kirchenjahr (32. Sonntag im Jahreskreis), am 10. 11. 1985.
	25, 31–46	Christuskirche Karlsruhe, Drittletzter Sonntag im Kirchenjahr (32. Sonntag im Jahreskreis), am 12. 11. 1989, mit der Kantate Johann Sebastian Bachs „Wachet! betet! betet! wachet!" (BWV 70).
	26, 6–13	Peterskirche Heidelberg, an Septuagesimae (4. Sonntag im Jahreskreis), am 3. 2. 1985.
Markus	4, 26–29	Peterskirche Heidelberg, an Sexagesimae (5. Sonntag im Jahreskreis), am 25. 5. 1986.
	14, 17–21	Peterskirche Heidelberg, am Sonntag Trinitatis (Dreifaltigkeitssonntag), am 25. 5. 1986.
Lukas	5, 1–11	Meditation, zum 5. Sonntag nach Trinitatis (= Lesung im Jahreskreis: 22. Woche – Donnerstag).
	13, 30	Peterskirche Heidelberg, am Buß- und Bettag, am 16. 11. 1988
	18, 31–34	Heiliggeistkirche Heidelberg, an Estomihi (5. Sonntag im Jahreskreis), am 5. 2. 1989
Johannes	19, 38–42	Peterskirche Heidelberg, am Karfreitag, 24. 3. 1989
	21, 15–19	Peterskirche Heidelberg, an Quasimodogeniti (Weißer Sonntag), am 26. 4. 1987.
Kolosserbrief	3, 12–17	Peterskirche Heidelberg, am Sonntag Trinitatis (Dreifaltigkeitssonntag), am 2. 6. 1985, innerhalb der Bachwoche.

Bibel-Themen

Georg Baudler
Jesus erzählt von sich
Die Gleichnisse als Ausdruck
seiner Lebenserfahrung
Band 1616, 128 Seiten

Rolf Baumann
„Gottes Gerechtigkeit" –
Verheißung und Herausforderung für diese Welt
Band 1643, 256 Seiten

Alfons Kemmer
Gleichnisse Jesu
Wie man sie lesen und verstehen soll
Band 875, 128 Seiten, 2. Aufl.

Alfred Schilling
Geschichten Jesu – weitererzählt
Band 1513, 160 Seiten

Hans Schwarz
Christsein ist möglich
Was die Bergpredigt uns heute
wirklich zu sagen hat
Band 1358, 128 Seiten

Bernard Springer
Was uns verheißen ist
Wege zum biblischen Glauben
Band 1670, 256 Seiten

Bibel-Themen

Rudolf Bohren
Texte zum Aufatmen
Seligpreisungen der Bibel
Band 1693, 160 Seiten

Dieter Nestle
„Wenn du im Garten wandelst,
lerne den Glauben“
Schöpfung im Lichte des ersten Evangeliums
Band 1214, 160 Seiten

Claus Westermann
Schöpfung
Wie Naturwissenschaft fragt –
was die Bibel antwortet
Band 1630, 208 Seiten

Hans Walter Wolff
Iß dein Brot mit Freuden
Alttestamentliche Ermutigungen
Band 1698, 128 Seiten

Kurt Wolff
Vergeben steht uns gut zu Gesicht
Zwischenrufe zum Vaterunser
Band 1595, 160 Seiten

Kurt Wolff
Von der felsenfesten Treue Gottes
Bausteine und Edelsteine
Denksteine und Stolpersteine in der Bibel
Band 1674, 160 Seiten